VENDÍ MI CORAZÓN

UNA VIDA ENTREGADA A ÉL

ALAN MERAZ

Copyright © 2018 Alan Meraz Angulo. Todos los derechos reservados.

ISBN: 978-0-578-20560-1
Publicado por Alan Meraz Angulo

Todos los derechos reservados.
No se autoriza la reproducción de este libro ni de partes del mismo en forma alguna, ni tampoco que sea archivado en un sistema o transmitido de manera alguna ni por ningún medio – electrónico, mecánico, fotocopia, grabación u otro – sin permiso previo del autor.

Impreso en los Estados Unidos de América. Distribuido por Lulu.com.

Los textos bíblicos utilizados han sido tomados de la Santa Biblia, Nueva Versión Internacional y la Nueva Traducción Viviente.

Para más información sobre el libro o el autor, favor de contactar por medio del sitio web oficial: www.alanmerazangulo.com

CATEGORÍA: Religión / Vida Cristiana / General

Este libro es dedicado a toda la familia Meraz Angulo por motivarme, inspirarme y guiarme a perseguir mis sueños.

Madre, eres una leona que me ha protegido desde cachorro y estoy demasiado agradecido por lo que has sembrado en mi vida. Padre, ser tu hijo es un honor y aprender de ti es de los mejores beneficios que me ha dado Dios. Eres un protector, proveedor y hombre servicial.

A mis dos hermanos, Christian y Julian, gracias por enfadarme tanto con su amor. Siempre atacan al hermano mediano, pero siempre lo respaldan cuando en verdad se encuentra en problemas. Su predicación en casa ha sido un impulso a mi vida.

A mis líderes y pastores. No pude haber logrado esto sin ustedes, sin su dedicación en traer el Reino de Dios a la vida de tantas personas. Familia Osuna, gracias por los años invertidos en mi juventud. Familia Ramos, gracias por adoptarme como su hijo espiritual, y enseñarme a soñar en grande y Familia Mayorquin gracias por hacer La Roca una enorme casa para esta ciudad (y el mundo).

A toda la familia #VMC que me ha apoyado a realizar este proyecto, son lo máximo. Hay demasiados nombres que mencionar, sin embargo, tardaría todo un libro en anotarlos entonces solo mencionaré algunos rápidamente: Anel, eres la mejor editora licenciada que existe en el planeta. Cesar, eres un editor de otro nivel. David, eres un MASTER. Ishah, la cuñada más ungida que conozco. Familia Morales, sus consejos son oro. A todos los que me han apoyado solo puedo decir: ¡GRACIAS!

Para mi familia Meraz Angulo y para toda mi familia de La Roca.

Contenido

Introducción	11
Capítulo 1: Entendiendo Nuestro Corazón	25
Capítulo 2: La Peor Venta de la Historia	51
Capítulo 3: Vendí Mi Corazón	77
Capítulo 4: La Mejor Compra de la Historia	105
Capítulo 5: Examinando Nuestro Corazón	133
Capítulo 6: Conforme a Su Corazón	179
Capítulo 7: El Propósito de Tu Corazón	201
Epílogo	211
Notas / Referencias	219
Agradecimientos Finales	221

INTRODUCCIÓN

3 Pon en manos del Señor todas tus obras, y tus proyectos se cumplirán.

Proverbios 16:3

Vendí Mi Corazón siempre ha sido un sueño dentro de mí. Recuerdo desde pequeño cuando por primera vez comencé a escribir, me encantaba crear historias basadas en otras historias, algo también conocido como *fanfiction*. Siempre he sido fanático de la creatividad y ver lo que alguien más imaginaba ya sea en una película o libro me motivaba a dejar fluir mis ideas. El hábito de lectura que desarrollé desde muy pequeño ha inspirado mi pasión por influir en los distintos medios, principalmente la escritura.

Recuerdo una de las primeras historias que escribí (si la leyeras te burlarías de mí) y lo mucho que disfrutaba correr el lápiz sobre el papel o mis dedos sobre el teclado de la computadora. Mi gusto por la escritura me motivó a redactar todo tipo de literatura, desde novelas hasta artículos de superación personal, no publiqué ninguno por supuesto. Todo lo que escribía era específicamente para mí, hasta que después apareció *Vendí Mi Corazón*.

Nunca pensé llegar al punto de escribir un libro hasta que una noche llegó a mi corazón el título *Vendí Mi Corazón*. No fue como te lo imaginas, te lo aseguro. Por supuesto el título del libro es completamente referente a una experiencia propia, pero eso no significa que no te puedas identificar con el respecto a "algo" que esté pasando en tu vida en este momento, incluso, puede que estés pasando por ese "algo" en este instante y no te des cuenta. Más adelante te contaré de como descubrí lo que *"Vender Tu Corazón"* significa, pero primero déjame te cuento un poco del trasfondo. Así que antes de que inicies este libro quiero explicarte más de cómo nació y el proceso que me llevó a empezar a escribirlo.

A mi corta edad aprendí a refugiarme en la escritura y eso se convirtió en un hábito que me llevó hasta este punto. Vengo de lo que muchos llaman *cuna cristiana* es decir, que siempre ha estado dentro de mi alcance el cristianismo. Si tú no te consideras cristiano no te preocupes no vengo a imponerte lo que creo. No nací llamándome cristiano, sino que fue una decisión que tomé a una edad madura y consciente. No sé cuál es tu perspectiva del cristianismo pero para mí al principio simplemente era parte de lo que hacía mi familia. Mi corazón creció con el cristianismo cerca y como algo común.

Conforme iba creciendo me fui dando cuenta que el *cristianismo* no era algo normal (no que sea algo extremadamente raro, pero no era tan habitual como pensaba), esto lo llegué a notar por el entorno familiar y social de otras personas. Lo que para mí se sentía normal, para otros no lo era. Alguien que me ayudó a darme cuenta de eso fue mi madre. El simple hecho de cómo ella se desenvolvía era algo genuino (diría raro pero no le puedo llamar a mi madre rara). Mi madre siempre ha sido una persona muy conservada y un ejemplo para mi vida, a pesar de todas las dificultades siempre sobresale y eso la ha convertido en una de las personas más influyentes en mi vida. Puedo decir que gracias a ella comencé a involucrarme más con la escritura y lectura.

Me encantaba leer y a mi madre también, pero leíamos contenido extremadamente diferente. Ella leía de autores cristianos y yo todo tipo de novelas de ciencia ficción o fantasía. Una vez me dio curiosidad conocer acerca de lo que ella leía e hice algo que a todos siempre nos dicen cuándo vamos a ver algo por primera vez, "no juzgues un libro por su portada" , y eso fue exactamente lo primero que hice, juzgar el libro. Aunque la portada no me convinció aun así mi curiosidad sobrepuso mi juicio, así que decidí leer un poco del libro y rápidamente lo dejé por lo aburrido que se me hizo, actualmente estoy seguro que es un excelente libro, continúe leyendo y escribiendo lo que a mi corazón le gustaba.

Después de un tiempo dejé de leer el género que antes me agradaba, indagué respecto a algunas otras opciones, pero finalmente decidí pausar mi hábito de lectura por alguna temporada, hasta que decidí tomarlo de nuevo. Esa decisión fue muy radical y determinante, hasta la fecha considero que fue algo sabio, los nuevos libros que comencé a leer eran muy diferentes a los que antes leía y pude identificar un rasgo curioso de estos libros, comenzaban a inspirarme a hacer algo por mi sociedad, a entender cosas que yo estaba haciendo mal y a empezar a trabajar con mi carácter. De ahí creció aún más mi deseo de escribir.

La literatura es un arma muy poderosa, puede ser utilizada para el bien o mal de una persona. Existe material que simplemente entretiene tu corazón, sin embargo, también hay material que en verdad te habla al corazón y hace que produzcas un cambio; esa fue una de las razones por las que nace este libro, para plasmar un mensaje personal de alguien que tiene profundo amor por ti y por lo que haces con tu vida.

Antes de contarte por qué *"Vendí Mi Corazón"* se volvió una parte más trascendental en mi vida y decirte todo lo que me ha ayudado, quiero que comiences a pensar en esos sueños o metas que llegaste a tener pero que eventualmente abandonaste en el camino, ¿ya los tienes en mente?, muy bien, continuemos. Si pensaste en algo, entonces quiero decirte que este libro es específicamente para ti. Una de las primeras cosas que me enseñó *"Vendí Mi Corazón"* fue la importancia de alinear nuestros sueños y metas a nuestro corazón, una vez hecho esto, entrarás en un proceso de calidad, lo que quiero decir es que tus sueños están limitados a lo que piensas. Eso no es para nada malo, pero cuando dejas que Dios sea el filtro de tus sueños y acciones es cuando tu panorama es ampliado y tienes una visión respecto a los que deseas obtener.

Al principio solo veía la escritura como un pasatiempo, hasta que empecé a filtrar a Dios en lo que me gustaba hacer y en lo que soñaba. Eso fue lo que le dio inicio y una clara visión a este proyecto.

Alinea tus sueños y metas a la visión de Dios. La mayor parte de este libro fue alineado por otro que se llama la Biblia y si nunca la has leído en tu vida quiero motivarte a que en este instante dejes este libro y comiences a leerla. No hay contenido más sabio y de ayuda que este. No quiero sonar como un fanático sino como una persona sincera que ha visto el fruto de ella.

"Vendí Mi Corazón" es un libro que te llevará a enfrentar retos que posiblemente les hayas sacado la vuelta toda tu vida, a revelar cosas dentro de ti que no sabías que existían y a analizar lo que en verdad existe dentro de tu corazón. El primero en pasar ese proceso fui yo, y te seré sincero, probablemente no sea un proceso fácil, pero sí una aventura que valdrá cada segundo, minuto, hora o día. Pasé por el proceso de ver cómo había vendido mi corazón y el daño que le había hecho.

Quiero confesarte que fue algo que tardé en darme cuenta y que muchas veces ignoré pensando que estaba completamente bien, hay cosas de las que no nos damos cuenta hasta que el daño ya está hecho, pero aún así muchas veces podemos evitarlo si abrimos nuestro corazón y exponemos lo que tenemos dentro. No cualquier persona se atreve a abrir su corazón y dejar que Dios lo opere, requiere de fe, y no sé cuál sea el estado de tu fe, ya sea que creas en Dios o no, pero quiero retarte a que te des una oportunidad de creer y exponer tu corazón ante Dios.

Nunca he pasado por alguna operación, pero con solo ver a mi hermano ser operado sí que me causó bastantes nervios, ¡imagínate a él!, no te sientas nervioso, más bien siéntete ansioso por lo que estás por descubrir.

Abrir tu corazón a Dios es la mejor decisión que puedes hacer en toda tu vida. La ventaja de que Dios sea el que te trate, es que tienes cien por ciento de garantía que vas a sanar. No hay letras pequeñas o trampas cuando se trata de tu corazón y el mejor doctor del mundo, Dios. Hay un versículo que leí cuando estaba chico y me ha ayudado mucho, así que te la quiero compartir antes de que continúes leyendo.

8 Siempre tengo presente al Señor; con él a mi derecha, nada me hará caer.

Salmos 16:8

Ten a Dios siempre presente y deja que tu corazón sea tratado. Date la mínima posibilidad de creerlo. Un por ciento de fe es suficiente para que veas la mano de Dios actuar sobre tí.

En mi familia odiamos los tratamientos médicos y normalmente solicitamos uno cuando nuestra situación es crítica. Por ejemplo, mi madre odia ir al dentista, mi padre odia ir al doctor y mis hermanos, pues... no son muy entusiastas en cuanto a cualquiera de los dos anteriores. Recientemente fui con un dentista y debo admitir que odio el proceso del tratamiento que llevan (corre por mis venas odiarlo), pero desgraciadamente es necesario, lo único que uno hace es acceder, ir a la cita y pagar. En tu caso, sólo se trata de ir a la cita y dejar que Dios te diga los síntomas de tu corazón.

En mi caso, cuando fui al dentista era porque una de mis muelas ya se encontraba en situación crítica, tenía dolor y tomé la decisión de acercarme a que fuera tratada. Para mi sorpresa no era sólo una muela sino dos aunque una se encontraba más crítica que la otra. Comencé mi tratamiento con el dentista y la primera cita fue un éxito. Estaba un poco nervioso, pero al final del primer tratamiento la muela que se encontraba en peor condición había sido tratada y no sentí dolor. Fue cansado tener la boca abierta, pero no doloroso. Sin embargo, cuando llegó el segundo tratamiento fue una experiencia completamente diferente, pensaba que porque no me había dolido la muela anterior que estaba en situación crítica, tampoco me dolería el tratamiento con la otra muela, ¡fue todo lo contrario a lo que pensé!, la segunda muela fue mucho peor. No soy dentista, así que no sé exactamente por qué me dolió, sólo sé que no lo disfruté en lo absoluto.

Muchas veces así sucede en nuestras vidas, creemos que nuestro corazón está bien y que no necesita ser tratado porque no se encuentra en una situación crítica, pero si algo quiero que conserves de este libro, es la importancia de analizar diariamente nuestro corazón sin importar el estado, circunstancia o situación en la que se encuentre. Al final de mi tratamiento todo salió bien y simplemente pagué un precio (es decir, efectivo) por mi tratamiento.

Cuando se trata de Dios y tu corazón, tú ni te preocupes por el precio, porque alguien llamado Jesús ya lo pagó por ti, más adelante hablaremos más acerca de Él, de chico, cuando iba al doctor o a un consultorio no había nada mejor que saber que mi padre o madre se encontraban a mi lado, así que de la misma manera no te esperes a que presentes un síntoma y deja que Dios obre en tu corazón todos los días. No hay lugar más seguro que sus manos y mejor acompañante que Él.

En este libro verás cómo acercar tu corazón a Dios y entender lo que es una vida entregada a Él. Se trata de buscar un corazón conforme al suyo y remover toda imperfección que te esté dañando, puede que ya estés pensando en un síntoma referente a la condición de tu corazón como una adicción, te terminó tu novio (a), se divorciaron tus padres, perdiste tu trabajo, una crisis económica en tu familia o algún otra caso que denominaríamos como "casos mayores", pero tienes que aprender a detectar los "casos menores", y eso es algo que este libro busca enseñarte.

Descifrar nuestro corazón no es nada fácil, de hecho, muchas veces creemos que conocemos la condición de nuestro corazón, pero conforme nos vamos analizando nos damos cuenta que hay cosas más profundas de lo que esperábamos (los casos menores). Puede que encuentres raíces de amargura, soberbia, soledad o egoísmo, en mi caso fueron algunas de las cosas que encontré y que noté que requería cambiar. Fue un proceso "difícil" pero vital para tener una recuperación completa de corazón.

Previamente mencioné que *Vendí Mi Corazón* no se presentó en mi vida como te lo imaginas, la verdad es que cuando descubrí el título me encontraba en una posición algo incómoda y podría incluso denominarse triste.

Siempre me he considerado una persona que se cuida y busca estabilidad emocional. Una persona digamos, con un corazón saludable, pero en el momento que mis ojos se abrieron, y vi la verdadera condición de mi corazón y de la sociedad, fue cuando decidí empezar a escribir este libro. No lo hago en lo absoluto por escribir solo por diversión, sino porque nuestra sociedad se encuentra en un estado fatal del corazón y requiere de jóvenes que empiecen a hacer algo al respecto.

El enfoque es principalmente en el corazón joven, pero eso no es una limitante para que tu corazón sea tratado. Seas hombre o mujer debes aprender a cuidar tu corazón, no es una opción, se trata de vida o muerte.

Probablemente estés empezando a leer este libro y apenas te das cuenta que es para jóvenes. Aunque tiene un enfoque más juvenil, no significa que no te pueda funcionar. Descubrir la condición del corazón es algo que se puede hacer en cualquier edad, a parte si tienes menos de noventa y nueve años entonces eres considerado joven, eso dice mi pastor.

Vivimos en una generación que invierte tanto en cuidar su apariencia, que olvida cuidar su corazón. Se enfoca tanto en lo que la sociedad dice de uno, que lo que propiamente dice de sí mismo. Nos encontramos en una sociedad sentida ante todo el mundo. Fácilmente se siente ofendida, fácilmente se entristece, fácilmente se siente atacada y es debido a nuestra falta de cuidado de corazón.

Jamás hemos tenido tanta información como la que poseemos en la actualidad, curiosamente el área de oportunidad que surge no es la capacidad de memoria que tenemos, sino el procesador desarrollado en nuestro corazón. Estamos tan acostumbrados a retener lo malo que la sociedad dice de nosotros, que olvidamos que tenemos cualidades y aspectos buenos que nos forman. Nuestra memoria está siendo saturada por tantas opiniones negativas que nos corrompen hasta lo más profundo y dejamos que en nuestro corazón se forme una esencia de oscuridad. Necesitamos enfocarnos menos en la memoria de nuestro corazón y más en desarrollar un filtro ante todo lo negativo.

Yo era una de esas personas que conforme pasaba el tiempo más basura guardaba en mi corazón, no me daba cuenta, pero, cada vez más semillas que producían inseguridad, desconfianza, impaciencia, entre otras cosas no tan positivas eran plantadas en mí, en ocasiones ni yo mismo me soportaba y por ende terminaba lastimando a mis relaciones más cercanas. Cuando descubrí lo que estaba haciendo en mi corazón fue cuando decidí tratar y curar lo que me estaba matando por dentro.

"Vendí Mi Corazón" no es para condenarte o para demostrarte lo débil que eres, sino para guiarte hacia una vida plena y libre. Como te mencioné, yo me encontraba en la misma posición que tú respecto a cómo me sentía y al no poder conmigo mismo, además creía que todo estaba bien. En todo ello requerí de un análisis completo de corazón.

En la historia de la humanidad han existido dos transacciones que han marcado nuestro ser y quiero que las conozcas. La primera es la peor venta de la historia y por supuesto la mejor compra de la historia. Quiero decirte que tu corazón se encuentra dentro de ambas pero sólo una en verdad importa.

Por último, antes de que pases al primer capítulo te quiero mencionar algo de vital importancia para que este libro en verdad produzca un cambio en tu vida, y es el hecho de que el corazón de Dios busca a gente que esté dispuesta a aprender.

Lo primero que yo tuve que hacer cuando me acerqué a Dios fue reconocerlo a Él. Entonces si es tu primera vez leyendo un libro de este tipo o si nunca has tenido una relación personal con Jesús, quiero que repitas esta oración después de mí. Si ya la has hecho no pasa nada con reafirmar lo que una vez ya dijiste. Así que repite lo siguiente:

Gracias Dios porque me amas. Gracias porque estás aquí para mí aun cuando mi corazón ha estado alejado de ti, quiero ser una persona con un corazón semejante al tuyo y aprender a tener una vida entregada a Ti. Usa este libro para hablarme claramente y acercarme a tu palabra, es decir, la Biblia. Guíame a comprender cada palabra y restaura mi corazón. En el nombre de Señor Jesús, amén.

Si hiciste esta oración por primera vez o reafirmaste tu fe, quiero felicitarte he invitarte a que continúes leyendo. Esto apenas es el comienzo de una historia más grande, así que prepárate para descubrir los secretos de tu corazón y conocer lo que evitará que pongas tu corazón en venta.

Es tiempo de que hagas la mejor inversión de tu vida y conozcas al mejor proveedor de la historia, Jesús.

CAPÍTULO 1

27 HAZME ENTENDER EL CAMINO DE TUS PRECEPTOS,
Y MEDITARÉ EN TUS MARAVILLAS.
SALMOS 119:27

Entendiendo Nuestro Corazón

27 Hazme entender el camino de tus preceptos, y meditaré en tus maravillas.

Salmos 119:27

El corazón es una de las partes más vitales del cuerpo y utilizado como referencia de un pilar emocional en la sociedad, el amor. Existen un sinfín de definiciones respecto a lo que es amor, desde un "*te amo*" en el altar hasta un "*amo las hamburguesas con doble porción de tocino*" (lo sé, se te antojó). La realidad es que cada quien tiene su perspectiva de amor. No busco hacerte cambiar de opinión o convencerte de que mi definición de amor es la correcta, pero sí te diré lo que el amor ha sido en mi vida. No te preocupes, no hablaremos de mi historia amorosa (exactamente).

Cuando era pequeño recuerdo haber percibido una sensación muy extraña a la que yo denominaba "*amor*" o también "estar enamorado". Vi a una niña de un aspecto muy diferente al mío y eso me llamó la atención. Comencé a describirlo como "amor", ¡imagínate!, un niño de aproximadamente ocho años y ya definiendo sus sentimientos. Ella era una niña rubia con cabello muy brillante y lacio, recuerdo como fui cautivado por sus ojos azules, pecas por toda su cara y una pequeña sonrisa. Lo primero que pensé fue lo diferente que ella era en comparación a mí, le comenté esto a uno de mis mejores amigos, y él como buen amigo fue y le dijo. Lo más impactante fue que yo también le gustaba y así pasó que fuimos novios de primaria por un día.

Puede sonar ridículo y chistoso a la vez, pero son las cosas ridículas y pequeñas a las que muchas veces les entregamos nuestro corazón sin darnos cuenta. Al momento que permitimos que nuestro corazón se deje cautivar por alguien o algo es cuando debemos encender las primeras alertas. Nuestros tesoros son formados por los deseos de nuestro corazón. En mi caso, era un niño pequeño y no tenía idea alguna de lo que estaba haciendo, pero muchas veces así surgen los primeros enfrentamientos. Al principio se pueden ver como actos tiernos, pero si desde ese punto de partida no cuidas tu corazón, en un futuro te enfrentarás a un gigante que no se verá para nada tierno.

21 Porque donde esté tu tesoro, allí estará también tu corazón.

Mateo 6:21

Normalmente utilizamos nuestro corazón como sinónimo de nuestra alma, fuente de vida o como emoji en *Facebook*. El corazón tiene un simbolismo muy fuerte en nuestra sociedad, no a cualquier persona le envías un corazón en *Messenger*, *Snapchat* o *Instagram* sino a alguien que mínimo conoces o valoras.

El término corazón se menciona en la Biblia aproximadamente 800 veces. No viene una definición exacta de lo que es el corazón pero estudiando distintos versículos podemos definir varios aspectos de lo que es el corazón para Dios.

Primeramente tenemos que aclarar lo que NO es el corazón.

No es exclusivo

El corazón no es exclusivo al ser humano. Los seres humanos fuimos creados a imagen y semejanza de Dios, es decir, Dios también tiene corazón. Su corazón puede que no sea exactamente igual al del ser humano, pero éste ciertamente deriva de Él. Existen varios versículos que complementan este hecho, tales como:

26 y dijo: «Hagamos al ser humano a nuestra imagen y semejanza.

Génesis 3:26

22 Tras destituir a Saúl, les puso por rey a David, de quien dio este testimonio: "He encontrado en David, hijo de Isaí, un hombre conforme a mi corazón; él realizará todo lo que yo quiero".

Hechos 13:22

18 La aflicción me abruma; mi corazón desfallece.

Jeremías 8:18

Dios nos creó a su imagen y semejanza, por ende nos formó conforme a su corazón. Debemos entender que nuestro corazón está hecho para ser conforme al suyo, pero por una mala venta (lo verás en el segundo capítulo) ya no es así.

Dentro de la Biblia existen muchos personajes que nos demuestran partes del corazón de Dios. No sólo por medio de personajes bíblicos sino por sus acciones también. Dios es muy visible en toda la Biblia y nos da las herramientas para que lo podamos ver en la actualidad. El pueblo de Israel era elegido por Dios y los momentos en que se apartaban de Dios eran de aflicción para Él.

Su corazón está en búsqueda de nosotros. Él desea más que nunca que conectemos nuestro corazón al de Él, sin embargo, por falta de conocimiento y de relación con Dios, caemos en la tendencia de querer suplir lo que nuestro corazón anhela con imitaciones que nos "llenan" momentáneamente.

Se ha vuelto un problema en nuestra vida el poner nuestro corazón por encima de Dios. Creemos que nuestro corazón debe ser el dueño de nosotros e ignoramos al que nos formó. El ser humano ha convertido su corazón en el ídolo más grande de la actualidad y ha sido cegado por sus malos deseos. Debemos entender el origen del corazón, que viene exclusivamente de Dios y solamente de Él. Fue creado con un propósito (más adelante hablaremos de eso) y con funciones específicas. Nuestro enfoque debe estar en alinear cada día más nuestro corazón al de Dios y cada día menos a lo que el mundo nos ofrece.

Corazón NO es igual a emociones

La segunda verdad de lo que NO es el corazón, es que el corazón no está hecho de emociones. Las emociones forman parte del corazón pero no son su base. El corazón no está compuesto por emociones. Estoy seguro que en algún punto de tu vida has escuchado la frase "haz lo que te diga tu corazón". ¡No lo hagas! El corazón es extremadamente delicado y no se puede confiar en lo que te hace sentir. Nuestros sentimientos nunca deben ir por encima de nuestras convicciones. El instante en el que dejamos que nuestro sentir formule nuestras acciones, es el punto de partida para que lleguemos a una bancarrota emocional (créeme, no quieres estar ahí).

"Es que en verdad me gusta mucho esa persona y mi corazón me dice que vaya y le diga". El problema no es que te haga sentir bonito. El problema es que por basarnos en nuestras emociones y en lo que nuestro corazón quiere, terminamos saliendo del límite y tiempo que Dios tiene preparado para nosotros. No podemos dejarnos caer en la trampa del corazón y debemos aprender a dominarlo. Por escuchar mi corazón me he salido del tiempo que Dios tiene para mí y por ende he perdido la oportunidad de un propósito mejor. No dejes que tu corazón se cautive fácilmente.

Cuando tenía alrededor de trece años asistí a un campamento de tres días, también conocido como encuentro o retiro. Iban puros jóvenes de entre 13 a 18 años, y en este caso fue un evento mixto. Fue uno de los momentos más importantes de mi vida y donde comenzó lo que yo llamo mi viaje con Dios. Mi experiencia ese 21, 22 y 23 de septiembre marcaron completamente mi vida, pero sucedió algo que comenzó una cadena de daños por los siguientes años. Conocí a una muchacha (lo sé, esperabas algo más intenso pero déjame explicar). El problema no fue que conocí a la muchacha, es más ni siquiera la muchacha en sí. El problema fue que empecé a escuchar a mi corazón. Fue una de las primeras veces que escuché tan clara la voz de Dios en mi vida y también una de las ocasiones en las que más rápido lo ignoré por escuchar una voz humana en lugar de la suya.

Conocí a la muchacha, me gustó y despertó algo dentro de mí que hasta mucho tiempo después vi sus consecuencias. Fue algo muy breve y claro, éramos apenas unos adolescentes y completamente inmaduros. Pero el simple hecho de no guardar mi corazón me llevo a un camino de decepciones y búsqueda de cubrir un vacío que sólo Dios podía cubrir. Esa fue una de mis primeras ventas de corazón. El despertar una pasión que yo pensaba que sólo me iba a costar besos y abrazos terminó costándome decepciones y heridas. No quiero hacer el cuento largo, pero como hombre caballero y respetuoso dejé que me bloqueara en Facebook. Lloré unos días, mi madre me consoló con comida y seguí mi vida pero con mi primera cicatriz.

No permitas que una emoción te lleve a un camino de decepción y destrucción. Cuando me dejé llevar por lo que mi corazón sentía, fui formando un vacío cada vez más grande que conforme pasaba el tiempo más me iba costando llenarlo. Aprendí mi lección con el tiempo, pero no en el tiempo que deseaba. Todo por dejar que mi corazón comiera afecto de otro ser humano.

Es necesario comprender lo importante que es tener dominado nuestro corazón para ser personas de visión y no de destrucción para los demás. En muchas ocasiones creemos que al no cuidar nuestro corazón sólo nos estamos haciendo daño a nosotros mismos, pero muchas veces el creer que sólo nos afecta a nosotros provoca que no veamos el daño que le estamos haciendo a los que nos rodean.

El corazón es fácil de engañar y uno fácilmente puede caer en una trampa si no aprende a formar buenas convicciones. Nuestras emociones muchas veces se enfrentarán cara a cara con nuestras convicciones, que eventualmente respaldarán nuestras convicciones. Lo que quiero decir es que nuestras emociones no tienden a basarse en lo que creemos correcto simplemente son sentimientos sin moral. Una persona puede sentir una emoción de alegría cuando recibe una palabra de afecto de un amigo como otra puede sentir alegría cuando golpea a alguien que detesta. Las emociones no tienen moral es por eso que nuestras convicciones deben ir primero. Habrá ocasiones en las que nuestras emociones estarán alineadas con lo que creemos y otras en las que no pero es porque una emoción no entra dentro de un espacio moral.

Debemos darle completa autoridad a nuestras convicciones para que sean prioridad en nuestra vida y no lo que sentimos. Un sentimiento es engañoso y no es digno de confiar, en cambio una convicción bien fundamentada te llevará a un resultado provechoso. Empieza a pensar cuáles son tus convicciones y en qué camino te están dirigiendo. El primer paso para que tus convicciones le ganen a tus emociones es conocer en qué estás fundamentado. Si no tienes convicciones bien establecidas entonces al momento de que llegue un sentimiento fácilmente te hará cambiar de opinión.

Empieza desde lo más pequeño. Si tienes una convicción de sacar las mejores calificaciones en tu escuela entonces inicia haciendo tus tareas a tiempo y siempre presentándote a clases aunque te sientas cansado. Es tiempo de que empieces a vivir lo que crees y no sólo soñar tus sentimientos. Si quieres ser una persona responsable entonces empieza siendo una persona que apoya en tu casa, haz tus tareas a tiempo, ayuda a tu comunidad o simplemente tiende tu cama. Haz crecer tu convicción para que cuando llegue un sentimiento, no se robe tu corazón.

El corazón NO es sinónimo de YO

El corazón no es exclusivo del ser humano, no es emocional y no es moneda de cambio. Muchas veces esperamos que por dar amor, debemos recibir amor. Nos creemos merecedores e involucramos nuestro sentido de justicia. Lo peor no es que esperemos amor, sino que nos sentimos ofendidos cuando no lo recibimos.

35 Con mi ejemplo les he mostrado que es preciso trabajar duro para ayudar a los necesitados, recordando las palabras del Señor Jesús: "Hay más dicha en dar que en recibir"».

Marcos 20:35

Es mejor dar que recibir, en la actualidad vivimos en una generación que piensa más en recibir que dar. Subes una foto a redes sociales para ver cuantos *likes* recibes, ¿alguna vez has contado cuantos *"likes"* das tú en vez de contar cuantos *"likes"* recibes?

Probablemente no. ¿Por qué? Vivimos en un tiempo donde el egoísmo y narcisismo son *happy meals* para nuestro corazón. El corazón NO se trata de sólo yo. No te sientas ofendido, tampoco soy perfecto y al igual que tú caí en esta trampa. Muchos somos engañados por esta mala jugada, incluso algunas personas lo convierten en su estilo de vida. Viven conforme a lo que los satisface y se dejan llevar sólo por lo que su *"yo"* les dice.

Cuando caemos en el juego o en la mentalidad de que únicamente nos debe importar lo que le damos a nuestro corazón, es cuando cometemos el mismo error de dejarnos llevar por nuestros sentimientos. Queremos llenar un vacío con la fuente equivocada. La sangre que nuestro corazón bombea no debe ser el egoísmo, sino nuestra relación con Dios lo que hace que palpite y siga adelante. Nuestra principal motivación es Jesús, lo que Él dice y piensa de nosotros.

Una de las razones por las que el corazón es mencionado tantas veces en la Biblia reside en el interés de Dios por tener una relación personal contigo. Él quiere que entiendas que no eres un ser que se basa en emociones, sino un conquistador y por medio de Él puedas descubrir tu verdadero potencial. Hay mucha gente que se cree conquistador cuando no se han dado cuenta que su corazón constantemente es conquistado por sus malos deseos. Es tiempo que despiertes y conquistes tu corazón antes que cualquier otra cosa o persona lo haga.

El primero en conquistarlo debe de ser Dios. Si tu corazón no ha sido conquistado por Dios no te preocupes, aún estás a tiempo. Nunca es tarde para Dios. Simplemente permite que su palabra (es decir la Biblia) hable a tu vida y forme convicciones en base a ella (más adelante viene una guía de cómo puedes hacer esto).

Dentro de un plan y diseño las cosas salen bien, pero cuando una persona actúa conforme a sus impulsos fácilmente tropieza. Es por eso que es necesario que gente invierta en su corazón en vez de venderlo a cualquier persona, objeto o situación que ofrezca la moneda más barata. Hemos caído en el juego de dejarnos llevar por el primer apostador y cometemos los peores errores de nuestra vida.

Mujer, tu corazón es lo más valioso que tienes. No es tu ropa de marca, tu Smartphone de última generación o tus *followers* en *Instagram*, sino tu corazón. Hombre, eres el protector de tu casa y debemos saber que eso implica proteger el corazón de las mujeres. Comienza cambiando esos detalles que te hacen dudar de la manera en que manejas tu corazón y el de otras personas.

Para cuidar tu corazón debes empezar por entenderlo y buscar limpiarlo de toda impureza, así que comienza a analizar todo eso que te ha hecho creer que tu corazón sólo se trata de ti. Inicia tu día examinando qué es lo que te está haciendo creer que tu corazón es más importante que tu relación con Dios.

No dejes que una persona te distraiga de la verdadera fuente de vida o que tus virtudes formen una raíz de soberbia en tu corazón. Mejor inicia tu día pensando en lo importante que es tener un corazón conforme al de Dios y dejar que Él lo examine. Busca su corazón y lo encontrarás. El verdadero tesoro se encuentra en el Creador de la vida y no en la creación.

Dios busca corazones

Dios busca representantes de su corazón. Personas que busquen conocer de verdad su corazón y sus características. Dios es visto a través de la Biblia con varias características que nos dan una pista de cómo es su corazón y lo que nos ayuda a ser cada vez más como Él. Puede que no descifremos el corazón de Dios al cien por ciento, ya que eso es una meta de toda la vida pero sí podemos describir algunos aspectos.

7 Pero el Señor le dijo a Samuel: —No te dejes impresionar por su apariencia ni por su estatura, pues yo lo he rechazado. La gente se fija en las apariencias, pero yo me fijo en el corazón.

1 Samuel 16:7

Dios no es como el humano que rápidamente juzga por apariencias, Él se enfoca en algo esencial que es parte de nuestro espíritu, alma y cuerpo, es decir, el corazón. Dios observa el corazón de cada persona y busca utilizarlo para bendecir. Cuando Dios buscó a un nuevo rey, ya que Saúl desvió su corazón, (lo veremos en el próximo capítulo) fue a casa de Isaí. Samuel llegó y al instante se dejó llevar por lo que sus ojos vieron. Samuel pensó que Eliab era el elegido de Dios pero no era así, Dios ya había encontrado un corazón rendido y con potencial.

¿Alguna vez te ha pasado que ves algo y a primera instancia piensas que cambiará tu mundo, pero al momento que lo obtienes no te satisface en lo absoluto? Hace tiempo estuvieron de moda las cartas de *pokémon* y como todo buen niño que sigue la moda quise comprarme unas. Le insistí a mi mamá para que me comprara las cartas que tanto anhelaba y no obtuve la respuesta que quería, así que llegó el tiempo en que me compré unas y no había pasado ni una semana cuando ya no las estaba usando. Yo veía mi diversión con base a lo que los demás veían, pero la realidad era otra. Me dejé llevar por la apariencia de un comercial.

El mundo está lleno de falsas apariencias y cada vez vamos creando nuevas maneras de falsificarnos. Siempre me ha gustado la mercadotecnia (amo a los mercadólogos no se ofendan), pero a la vez he visto la manera en la que las empresas le venden un engaño al corazón de las personas. Es muy interesante el hecho de que en la actualidad la mayor parte de los comerciales están basados en las experiencias propias de las personas y no precisamente en su producto. ¿Por qué? simplemente nos hemos acostumbrado a visualizar lo que nos presentan los medios masivos de comunicación y difícilmente logramos identificar las falsas apariencias, entonces somos fácilmente engañados a comprar productos mediante escenarios que parecen paraísos. El momento crucial es cuando pagamos por dicho paraíso, ya que nos enfrentamos a la triste verdad de que todo era una farsa.

Samuel vio la apariencia de los hijos de Isaí y rápidamente cayó en lo que sus ojos le decían, inició su búsqueda dejándose llevar por apariencias, pero hizo algo que la mayor parte de nosotros no hacemos. Escuchó, vio y regresó a escuchar. Los ojos de Samuel a primera instancia gritaron Eliab, pero Samuel era más astuto y decidió poner atención a la voz de Dios y no a sus ojos. Dios le dijo que no era Eliab y que siguiera buscando.

Samuel pasó por una larga audición de *King Factor*, pero en este caso no salió la persona indicada para reinar Israel. Me imagino lo que pensaba Samuel al ver que cada vez que pasaba un hijo de Isaí recibía un "no" de parte de Dios. Sin embargo, el corazón de Samuel confiaba en Dios y sabía que Él estaba en búsqueda de un rey digno de corazón.

Pasaron siete de los hijos de Isaí, pero aún no salía el escogido por Dios. No fue hasta que Samuel le preguntó a Isaí si tenía otro hijo, y finalmente apareció el más pequeño de todos. Un simple y humilde pastor de ovejas, David.

David fue subestimado por su apariencia, pero fue promovido por su corazón. El corazón de Dios siempre estará latiendo y buscando un pulso que se asimile al suyo. Ésta última, es una de las características más importantes y que más debemos buscar aplicar en nuestras vidas. Debemos alinear nuestro pulso al de Él.

Un Corazón Perdonador

Uno de los propósitos más importantes de Dios para la humanidad es el perdón. En el corazón de Dios siempre encontrarás un gran perdón. Puede que veas tu corazón en un estado imperfecto y creas que no eres merecedor de ser perdonado, pero aún así, Dios te perdona. Sin importar el mal que estés haciendo o lo que hayas hecho, Él SIEMPRE te perdonará porque te ama y desea tener una relación personal contigo.

También existe la posibilidad de que creas que el estado de tu corazón está bien, pero es cuando más debes tener cuidado, porque si no estás atento a lo que entra a tu vida, fácilmente puedes ser engañado. Sin importar lo que estés viviendo, quiero decirte que Dios siempre te perdonará. Eso no significa que puedes hacer lo que se te antoje con tu corazón o que no enfrentarás consecuencias, pero si te asegura alguien que estará ahí siempre para consolarte.

5 Tú, Señor, eres bueno y perdonador; grande es tu amor por todos los que te invocan.

Salmos 86:5

Recuerdo una de las primeras veces en las que experimenté el poder perdonador de Dios. Lo primero que hice fue quebrantarme y llorar, pidiéndole perdón a Dios por todo lo malo que había hecho. Aún sigo haciéndolo, ya que cada día Dios me muestra algo nuevo en mi corazón que me lleva a crecer y acercarme cada vez más a Él. Es un perdón tierno y lleno de amor que me da nuevas fuerzas y mantiene mi corazón en un estado de pureza.

Perdonar o pedir perdón nunca es fácil. Tengo familiares cercanos que por el simple hecho de no perdonar han perdido años de relación y todo por una ofensa que no decidieron soltar. Lo peor de todo es que sienten que al no perdonar están haciendo sufrir a la otra persona, pero la falta de perdón lo único que hace es lastimar tu propio corazón. Es igual cuando no te acercas a Dios para pedirle perdón. ¿Crees que el perjudicado es Él? Dios te ama y desea acercarse a ti, pero no te va a obligar a que hagas algo que tú no deseas. Él tiene el poder para perdonarte y ayudarte a controlar tu situación, pero requiere que estés dispuesto a soltar todo aquello que has estado cargando, todo aquello que ha endurecido tu corazón. Empieza a perdonar y buscar el perdón de Dios y comenzarás a ver la manera en la que Él se manifestará en tu vida. Eso nos lleva a la siguiente característica, control.

Dios tiene el control

El corazón de Dios siempre tiene el control. Por otra parte, el corazón humano tiene la función de bombear sangre a todo el cuerpo, la cual transporta oxígeno y nutrientes a diferentes órganos del cuerpo que permiten que dicho organismo funcione correctamente. Si hay fallas en el corazón, por consecuencia hay fallas en el organismo. El corazón es el controlador de la vida humana, asimismo es el corazón de Dios.

El corazón de Dios funciona como el controlador de la vida. En la Biblia Dios es reconocido a través de muchos adjetivos, entre ellos es nombrado soberano. Es decir, está sobre todo como autoridad y posee Señorío. Se puede resumir simplemente como: un ser con control. La palabra soberanía se enfoca en remarcar el dominio de alguien sobre un público. No hay mejor representante de la soberanía que Dios. No hay quién sepa controlar las cosas mejor que Dios.

5 Yo sé que el Señor, nuestro Soberano, es más grande que todos los dioses.

Salmos 135:5

Dios tiene un plan perfecto y muchas veces no entendemos esto. Creemos que porque estamos viviendo una etapa difícil Dios nos dio la espalda y que todo está fuera de control.

Dios siempre tiene el control, simplemente muchas veces no nos damos cuenta o no tenemos suficiente fe para creerlo. A mí me ha pasado en numerosas situaciones e inclusive, es una de las características que más me cuesta comprender de Dios, sin embargo Él me mostrado su poder en cada detalle de la manera más sencilla. Por mi parte, acerco mi corazón al Suyo y veo cómo Él controla la situación, puedo ver cómo su palabra fluye como sangre a mi alma, nutriéndome y dándome vida cuando más la necesito.

Recuerdo una etapa en mi familia en la cual nos enfrentamos a una situación *"difícil"*. Mi familia estaba enfrentando un problema económico y mi padre se encontraba muy angustiado. Mi papá nos llamó a todos a una junta familiar esa noche, en mi familia acostumbramos a juntarnos y orar por la semana, así que no lo vimos como algo fuera de lo común. Cuando llegamos al cuarto notamos que algo no estaba bien. Mi papá empezó a contarnos la situación y se notaba lo devastado se encontraba.

Me impactó ver a mi padre así, pero me impactó más la reacción que todos tuvimos ante el problema. Todos conocemos el poder y favor de Dios en nuestras vidas y ese día sabíamos que teníamos que animar a mi papá recordándole quien tenía el control de nuestra situación. Fácilmente pudimos habernos quejado o entristecido, pero decidimos creer en un Dios soberano. Al final de las cosas, todo salió bien y salimos del problema.

Conocer que el corazón de Dios es soberano, trae una paz a nosotros y seguridad a nuestras vidas.

La inseguridad ha sido un factor muy presente en mi vida, incluso puedo decir que fue causa de mis mayores desmotivaciones. No fue hasta que comprendí que existe un Dios que tiene total control de todo, cuando decidí sobreponerme ante mi inseguridad.

Lo que hace la inseguridad es crear una falsa fe. Te lleva a lugares o situaciones que previamente no veías posibles o ni pasaban por tu mente. Eso me comenzó a suceder cuando olvidé ésta característica tan significativa de Dios y empecé a falsificar la imagen de mi corazón.

Como les dije, esa ha sido una de las características por la que más he batallado en comprender la verdad de Dios, y no precisamente porque sea un concepto "complejo", sino por la misma duda que he permitido entrar a mi vida. Soberanía antepone toda duda y te promete un destino, pero requiere de fe para hacerla parte de tu diario vivir.

Una de las razones por las que probablemente no conectes esta característica a tu corazón, es porque te has dejado moldear por lo que la gente o la moda dicen de ti. A mí me pasó y ni siquiera me di cuenta. Cuando estaba en secundaria permití que mi corazón recibiera ofensas y críticas en vez de ignorarlas y eso empezó a formar un carácter de inseguridad.

Siempre me he considerado una persona muy extrovertida y alegre, pero cuando lo que decían los demás se volvió más importante que lo que Dios decía de mí, fue cuando mi alegría inicio a decaer. La consecuencia final no sólo fue la inseguridad, sino la desconfianza de que existía un Dios que tenía el control de mi vida y de toda circunstancia que me enfrentara.

La inseguridad se volvió una parte tan grande en mi vida, que prefería estar callado todo el día en lugar de regalar una sonrisa, porque no creía que fuera suficiente para alegrar a alguien más. Mi corazón se volvió frágil porque permití que mi inseguridad me llevará a perder noción de quién estaba al mando. Llegué al punto de que en la iglesia no paraba de sonreír, pero por dentro mi corazón estaba hecho pedazos. El creer más en mi inseguridad que en Dios me llevó a experimentar una doble vida con un corazón vacío por ambos lados.

En la Biblia existe un ejemplo impresionante de cómo una persona veía a Dios con control total, pero por caer en inseguridad, tropezó (o más bien se hundió).

Pedro fue uno de los doce discípulos de Jesús y creía fuertemente en Él, aunque también era humano y por ende, llegó a fallar en varias ocasiones. Cuando Jesús les ordenó que se adelantaran mientras Él subía a una montaña a orar, los discípulos no dudaron y obedecieron. Jesús acababa de perder a un ser querido (Juan el Bautista) y quería tener un tiempo a solas con Dios. Se quedó hasta al anochecer y el barco ya se encontraba a una distancia muy alejada. ¿Qué hizo Jesús? Pidió *Uber* y su chofer era el mar. Jesús empezó a caminar sobre el agua y hacia los discípulos.

28 "—Señor, si eres tú —respondió Pedro—, mándame que vaya a ti sobre el agua."

Mateo 14:28

Pedro sabía que Jesús representaba control y tomó un acto de fe por el simple hecho de decirle a Dios, "*aquí estoy, quiero caminar a donde tú me direcciones*". Jesús lo llamó. Imagina lo que estaba pasando por la cabeza de Pedro, en aquel entonces navegar en barco no era muy seguro que digamos. Ahora imagínate las olas gigantes, el fuerte viento y la lluvia caer. El simple hecho de escuchar las olas pegarse agresivamente me da escalofríos aun así Pedro sabía quién tenía el control y salió del barco.

En cuanto Pedro confío y decidió acercarse, vio muy claro el control de Dios sobre su vida y su entorno. Pedro logró lo imposible por reconocer el poder de Dios y empezó a caminar sobre el agua. Pedro vio cosas sobrenaturales cuando su corazón entendió que existe alguien que tiene el dominio de toda situación.

Poco después, podemos ver el otro lado de la moneda. Pedro de estar cien por ciento seguro de quién estaba con él perdió la vista de hacia a quién iba caminando y empezó a escuchar su circunstancia. La inseguridad se hizo visible en ese momento y Pedro se empezó a hundir.

29 —Ven —dijo Jesús.

Pedro bajó de la barca y caminó sobre el agua en dirección a Jesús. 30 Pero, al sentir el viento fuerte, tuvo miedo y comenzó a hundirse. Entonces gritó:

—¡Señor, sálvame!

Mateo 14:29-30

Al igual que Pedro cuando dejamos que la inseguridad sea prioridad en nuestras vidas poco a poco nos vamos hundiendo. Te encuentras en una situación en donde sientes que te estás comiendo por dentro y no ves salida alguna. A pesar de que cometemos el error de caer en inseguridad y ver a la tormenta en vez de ver a Jesús aun así Él se presenta en nuestras vidas cuando escucha nuestro clamor y extiende su mano al instante para que no nos hundamos, tal y como lo hizo con Pedro.

Ésta historia es una de mis favoritas porque podemos ver lo que produce la inseguridad de una manera muy clara y cómo Jesús le gana a toda tormenta o problema. No hay límites para Él, solo seguridad eterna.

<u>Autoridad sobre nuestro corazón</u>

Existe una infinidad de características del corazón Dios. Hasta ahorita hemos visto dos de ellas las cuales son el perdón y el control. El tercer atributo tiene mucho que ver con las dos previas y es que el corazón de Dios representa autoridad. Incluso pensé en ponerla junto con control, pero la verdad creo que es necesario representarla como una característica aparte.

En México, no tenemos una imagen muy agradable de la palabra autoridad. Nos mencionan autoridad y rápidamente la conectamos a corrupción, engaño o alguna otra cosa negativa, pero la autoridad debe representar control, poder, dirección, responsabilidad, cuidado, corrección y amor. Desde que nacemos crecemos con este concepto de autoridad que muchas veces es ejemplificado de una manera muy equivocada.

Afortunadamente puedo decir que mis padres fueron un buen ejemplo de autoridad para mi vida aunque no es el caso de todos. Un padre siempre busca lo mejor para su hijo y lo guía a tomar el mejor camino posible. Mis padres lo hicieron y me guiaron hacia Dios, el mejor camino posible. Me pusieron límites cuando eran necesarios, me felicitaron cuando fue necesario (lo siguen haciendo) y me amaron cuando más los necesitaba (y sigo necesitando).

Dios es el ejemplo perfecto de autoridad. Para que puedas conectar con su corazón es vital que comprendas esto, tal vez nunca has tenido un ejemplo correcto de autoridad y lo único que esto ha presentado en tu vida es temor. Si fue así quiero decirte que Dios no es para nada así, dentro de todas las características de Dios existe un factor muy importante y es el amor. Dios siempre actúa con amor y si permites que Él sea la autoridad de tu corazón, déjame decirte que todo lo que haga por ti será para tu bien.

6 Pues para que sepan que el Hijo del hombre tiene autoridad en la tierra para perdonar pecados —se dirigió entonces al paralítico—: Levántate, toma tu camilla y vete a tu casa.

Mateo 9:6

La autoridad de Jesús era tan suprema que reinaba incluso sobre las enfermedades. Si ponemos atención a la vida de Jesús podemos observar que su autoridad nunca fue utilizada para lastimar sino para bendecir. Su divinidad y poder sobrenatural nunca fue utilizado para atacar, en cambio fue para proteger y edificar. Por ejemplo, cuando calmó la tormenta, cuando multiplicó el pan, cuando resucitó a Lázaro de los muertos y otro sin fin de milagros. Su autoridad siempre representó el bien.

El reconocer la pureza de la autoridad de Dios es muy importante y nos brinda confianza. Dios siempre ha hecho lo mejor para sus escogidos y quiero decirte que tu corazón ha sido escogido, Dios te escogió. Si nunca te lo han dicho déjame te lo repito, porque no hay nada mejor que saber que Dios pensó en ti.

5 «Antes de formarte en el vientre, ya te había elegido; antes de que nacieras, ya te había apartado…

Jeremías 1:5a

Permite que Él obre en tu corazón y empieza a conocer su autoridad. Es vital para este libro que veas este aspecto de Dios o puede suceder que no cambie nada en tu vida.

Cuando estaba escribiendo este capítulo, latieron muy fuerte en mi corazón estas tres características. Son de vital importancia para que comprendas cómo hacer tu corazón compatible al de Dios. Como les mencione anteriormente, el corazón de Dios está lleno de miles de características, pero estas tres son muy importantes cuando tratamos con el corazón. Hay más características que veremos incluso dedicaremos todo un capítulo a una de ellas, que en lo personal pienso que es la más importante de todas (continúa leyendo y lo descubrirás).

Hay muchos factores que descubrirás y te acercarán más a tener un corazón conforme al de Jesús, pero tienes que comenzar a entender que para que tu corazón sane debes soltar todo rencor que llevas dentro y dejar que Dios empiece a tomar el control de la operación de tu corazón. Abre tu corazón a Él para que lo opere y sea una autoridad en tu vida.

CAPÍTULO 2

26 «HAGAMOS AL SER HUMANO A NUESTRA IMAGEN
Y SEMEJANZA...
GÉNESIS 1:26

La Peor Venta de la Historia

26 «Hagamos al ser humano a nuestra imagen y semejanza…

Génesis 1:26

Ya entendimos que nuestro corazón fue hecho a imagen y semejanza del corazón de Dios, entonces, ¿cómo definirías al corazón?

El corazón es una representación de nuestra alma, espíritu y cuerpo. La verdad, no tenemos que irnos muy lejos y pensar en un concepto teológico sino ver por el lado del concepto de corazón más sencillo. El corazón es un órgano físico, que si lo remueves de un cuerpo humano simplemente este no podría vivir. Es decir, el corazón es un representante de nuestra alma. Sin el alma no podríamos vivir.

Dios nos llama a tener una vida dedicada a Él y solamente a Él. El corazón es completa y únicamente compatible con Dios. Existe un juego muy popular que se les da a los bebés para enseñarles figuras y entretenerlos, es un famoso juego de figuras geométricas en donde tienes que encajar triángulos o círculos a su espacio vacío perteneciente (el nombre del juego puede variar conforme a la zona pero lo importante es la manera en que funciona).

Si intentas poner una figura de círculo en un hueco de triángulo, simplemente no va a encajar. ¿Por qué? Porque no son compatibles. Se escucha muy obvio, pero así vivimos con nuestro corazón muchas veces. Queremos forzarlo a entrar en un hueco que únicamente puede ser llenado por Dios. Sólo con Él es compatible tu corazón. El buscar llenar tu corazón con algo más que no sea Dios, te llevará a una eternidad de decepciones por no querer llenar el hueco con la figura correcta.

La humanidad está desesperadamente intentando llenar un hueco eterno con lo que se le venga a la mente. Inventa todo tipo de producto, idea, experiencia o relación para llenar su corazón y no entiende que el círculo no encaja en el vacío con forma de triángulo. Una amistad no va en el lugar que le pertenece a Dios, una adicción no llenará un vacío de soledad y una relación nunca llenará tu corazón.

Peligro en el paraíso

No sé si alguna vez has escuchado la historia del principio de la humanidad. Todo empieza con Adán y Eva. Si nunca la has leído la puedes encontrar en Génesis 1 al 5 en la Biblia. No quiero hacer muy larga la historia, así que te la resumiré. Dios creó a Adán y Eva, Adán descuido a Eva, Eva negoció con una serpiente, Eva y Adán desobedecieron a Dios y terminaron vendiendo el mundo (lo sé soy pésimo para resúmenes).

Lo que quiero denotar en este capítulo de la historia, es la negociación que Eva tuvo con la serpiente.

1 "La serpiente era más astuta que todos los animales del campo que Dios el Señor había hecho, así que le preguntó a la mujer: —¿Es verdad que Dios les dijo que no comieran de ningún árbol del jardín?"

Génesis 3:1

Adán y Eva eran dueños del Edén y tenían un estilo de vida perfecto. No existía enfermedad, hambre o trabajo para tener que sobrevivir. Tenían todos los recursos al alcance y una eternidad por delante. El tiempo no era parte de su entorno hasta que fueron engañados por la serpiente.

Dice la Biblia que se le acercó la serpiente a Eva y le empezó a hablar. No es muy común hablar con serpientes, entonces puede que no te identifiques con esto (al menos que seas *Harry Potter*) pero pon la situación en contexto. Ellos no veían a la serpiente al igual que actualmente se ve. Probablemente era algo normal para ellos hablar con animales, pero bueno ese no es el punto. Lo que quiero decir es que puede que te encuentres en una posición casi idéntica a la de Eva. Puedes estar comunicándote con una serpiente.

La serpiente puede ser representada de muchas maneras y probablemente estés pensando en esa persona que detestas, quizá tu compañera de escuela y/o trabajo que siempre te voltea la cara o habla mal de ti. Aunque llames a esa persona serpiente, no hablo de ella. La serpiente para Eva no representaba una inmediata amenaza, a simple vista se veía cómo un animal inofensivo y que estaba bajo dominio de Adán y Eva. Así comenzó la peor negociación de la historia, por no detectar el peligro.

Hay ciertas cosas que desde pequeños detectamos o categorizamos como *"peligrosas"* para nuestro corazón. Por ejemplo, la violencia. Sabemos que ser violentos es algo que puede afectar nuestro corazón y rápidamente lo denominamos como una actitud incorrecta ante nosotros. Son esas reglas que entran dentro de la moral general de la humanidad, pero luego existen las áreas *"grises"* que aquí es donde normalmente se encuentran las serpientes que atacan y envenenan nuestro corazón. Son esas cosas pequeñas que vemos como inofensivas o que categorizamos como "bajo control", pero por no estar atentos a la eminente amenaza, terminamos vendiendo nuestro corazón y salimos lastimados. Éstas pueden ser cosas muy pequeñas, pero se convierten en un gran veneno para nosotros en el futuro.

Hay muchas serpientes letales en el mundo. Existen diferentes tipos de serpientes y con una gran variedad de características. Normalmente una serpiente se le reconoce por cautelosa y son animales muy astutos cuando se encuentran de caza. No piensas en un ataque directo o una rápida confrontación cuando piensas en una serpiente.

Existe una serpiente en la costa occidental de África conocida como *Atheris Hispida*. Dicha serpiente se le reconoce por su hermoso camuflaje. Está vestida de escamas muy duras que muchas veces los animales confunden por hojas. A la vista de otros animales simplemente se ve como un arbusto cualquiera. Podríamos decir que se ve inofensiva, pero al momento en el que te encuentras a su alcance, el resultado puede ser letal (y no para la serpiente). Es muy común que un animal se convierta en su presa por no tener el correcto cuidado. Perdón si te comparo con un animal, pero puedes cometer el mismo error simplemente por no ser precavido.

Recuerdo cuando por primera vez ubiqué una *atheris* en mi vida. Se vestía de un ambiente hermoso, pero era directo veneno a mi corazón. Tal vez tú estás viviendo con una actualmente y estás constantemente siendo envenenado. Entre más te demores en identificar la serpiente en tu vida, más tardarás en desintoxicarte. La *atheris* que les mencioné que ubiqué por primera vez en mi vida fue la música. Si eres un amante de la música esto es para ti y aunque no lo seas estoy seguro que te va a ayudar.

No estoy diciendo que TODA la música es veneno para tu corazón, pero sí debes saber distinguir entre lo que es de provecho para ti y lo que te está causando daño.

20 Dedicarle canciones al corazón afligido es como echarle vinagre a una herida o como andar desabrigado en un día de frío.

Proverbios 25:20

La música es un pilar en donde sea que vayas, todo mundo escucha música. Ya sea pop, hip hop, rap, reggaetón o cualquier género que sea predominante en el país. El género no es el veneno, hay excelente música y de todo tipo, sin embargo depende del gusto de cada quien. Lo que normalmente envenena es lo que la canción declara.

Por ejemplo, yo soy fanático del reggaetón (sí lo admito), pero la mayoría de las canciones de reggaetón se enfocan en degradar a la mujer o simplemente de sexo sin límites. Es muy raro escuchar una canción de reggaetón con un buen mensaje, aunque no digo que no existan.

Tienes que estar atento a lo que escuchas y no estoy criticando a la música o diciendo que *"no es de Dios"* porque dentro de la Biblia podemos observar varios músicos. David, uno de los mejores compositores de la historia, fue el *Ed Sheeran* de sus tiempos y toda su música fue para la gloria y honra de Dios.

En mi caso, yo escuchaba de todo tipo de música, me pasaba la mayor parte del tiempo con mis audífonos y un alto volumen en mi reproductor musical. Fácilmente tenía más de tres mil canciones en mi dispositivo y de todo género musical. Desde *Eminem* hasta un *Valentín Elizalde* (si no sabes quiénes son no te preocupes no tienes que investigar). A donde sea que fuera los artistas venían conmigo, creía que eran simplemente buenos tonos o melodías a mi lado, pero en una ocasión decidí prestar atención a lo que la música me estaba diciendo.

En ese momento, empecé a prestar atención a lo que la música le estaba diciendo a mi corazón e identifiqué que lo que yo creía que me estaba nutriendo en realidad me estaba envenenando. Dios me reveló una amenaza que al principio mis ojos no pudieron percibir o categorizar como *"peligro"*. Ya no eran simplemente buenos tonos musicales sino que eran susurros diciéndome frases como "la mujer es un simple objeto sexual", "una relación no importa mientras tengas sexo", "véngate por lo que te hizo esa mujer", etc.

Les seré sincero, me costó mucho trabajo dejar mi música, pero no fue imposible. Cuando me di cuenta del efecto que estaba causando en mí no fue como que la dejé al instante, sino en mi mente hubo una lucha de duda. Intenté forzarme a creer que no me estaba afectando en lo absoluto, pero muy dentro de mi espíritu sabía que era verdad. No podía creer que Dios me pidiera que dejara mi música, ¿cómo se podía atrever a pedirme tal cosa?

No entendía por qué, pero aún sin entender decidí obedecer. Tiempo después vi el efecto y pude darme cuenta del daño que me estaba haciendo.

17 así que la fe viene como resultado de oír el mensaje, y el mensaje que se oye es la palabra de Cristo.

Romanos 10:17

La Biblia dice claramente que la fe se produce por medio de lo que escuchas. Yo dejé de priorizar la voz de Dios, por la voz de los artistas. Lo que sentía mi corazón normalmente era determinado por lo que estaba escuchando, si lo que quería era sentirme romántico ponía baladas o *Ed Sheeran* (es uno de mis artistas favoritos lo admito), si quería desahogarme ponía música rápida y agresiva.

Como les dije, el problema no era el ritmo de la música, sino la letra. Todo lo que mi corazón estaba escuchando era basura que intentaba llenar un hueco que sólo es posible llenar con la voz de Dios. Jugaba con lo que escuchaba y despertaba emociones con la música que quería. Si me encontraba en un momento de tristeza en vez de acercarme a Dios y arrepentirme, lo primero que hacía era ponerme mis audífonos y encerrarme escuchando música depresiva. Muchos dirán que este método funciona, pero nada puede dar vida a tu corazón mas que la voz de Dios. Seguía intentando llenar el hueco del círculo con una figura octagonal.

La música es una bendición cuando es utilizada de la manera correcta. Los mensajes de las canciones en la actualidad mayormente hablan de sexo, drogas y odio. Ten cuidado, porque lo que escuchas va a producir lo que crees. Si te la vives escuchando música que habla de venganza, luego no te preguntes por qué eres una persona vengativa si tú mismo le estás dando veneno a tu corazón.

Para saber si en verdad la música es una *atheris* en tu vida es necesario que te hagas tres preguntas que te ayudarán a identificar el lugar en que se encuentra la música en tu vida. Así que realiza estas tres preguntas y sé lo más sincero posible contigo mismo, se trata de proteger tu corazón.

¿Qué dice la música que escucho?

¿Cómo conecta con el mensaje de Jesús?

¿Qué tanto me costaría dejar la música que escucho?

Si lo que estás escuchando simplemente dice frases o versos que no conectan con el mensaje de Jesús, entonces no estás escuchando la música correcta. El mensaje de Jesús siempre se ha enfocado en amor, en rendirle honra a Dios y al prójimo. ¿La música que escuchas honra a Dios?

Es tiempo de que escuches algo mejor y comiences a buscar música que en verdad te hable algo de provecho para tu vida. Existe todo tipo de música en el ámbito cristiano, no sólo lo que algunos llaman música de "*iglesia*". Necesitamos ser más intencionales en crecer y buscar opciones así que ponte de meta personal buscar música que tenga un mensaje de bendición para tu corazón. Desintoxícate y deja esa música que te está haciendo daño, anímate a buscar música que en verdad pertenezca a tu círculo de intimidad y empieza a distinguir qué música es para ti.

<u>El Engaño de la Historia</u>

2 —Podemos comer del fruto de todos los árboles — respondió la mujer—. 3 pero, en cuanto al fruto del árbol que está en medio del jardín, Dios nos ha dicho: "No coman de ese árbol, ni lo toquen; de lo contrario, morirán".

Génesis 3:2-3

El engaño más grande de la historia comenzó por una simple conversación. La serpiente era muy astuta y sabía que era más fácil engañar a una sola persona que a dos es por eso que se acercó a Eva cuando Adán no estaba en la conversación. Lo primero que hizo la serpiente fue generar la duda en Eva lo cual produciría la acción que eventualmente la llevaría pecar. Se aseguró de que las palabras de Dios no estuvieran grabadas en su corazón y cuando vio su oportunidad la aprovechó para hacerla caer en pecado.

Dos razones por las que Adán y Eva cayeron en la trampa de *"vender su corazón"* fueron la soledad y duda en sus vidas. Debemos saber identificar estos dos factores para no caer en el mismo error que ellos cometieron. Este error provocó el fraude más grande de la historia, la venta de la humanidad.

Siempre me he preguntado, ¿qué estaba haciendo Adán cuando la serpiente engaño a Eva? La historia no dice dónde estaba incluso puede ser que se encontraba en el mismo lugar, pero su concentración no estaba presente. Su mente no estaba en el juego. Es decir, Adán no estaba en la conversación. Dejó que su mujer hablara con una serpiente y dejara entrar la duda a sus vidas.

Debemos entender lo importante que es saber que siempre estamos acompañados. Muchas veces caemos en la trampa de la soledad, sentimos que no hay nadie que conecte con nosotros o que nos respalde. Esto nos lleva a apartarnos de los demás y bloquearnos de la sociedad. Aunque pensemos que nadie está ahí para nosotros, Dios siempre está presente.

La soledad sólo existe cuando lo crees. Si crees en Dios por ende la soledad no debe ser factor en tu vida. Adán y Eva olvidaron este principio y en vez de consultar a Dios cuando entró la duda, dejaron que su duda se convirtiera en un engaño y se formará una falsa fe. Existen momentos en los que me he sentido solo y he pensado que no hay nadie en el mundo que me entienda, pero hay varios versículos que me recuerdan de la presencia de Dios y el amor que Él tiene por mí.

4 Aún si voy por valles tenebrosos, no temo peligro alguno porque tú estás a mi lado; tu vara de pastor me reconforta.

Salmos 23:4

Mis sentimientos de soledad me han llevado a pensar que Dios no está conmigo, pero su palabra es fiel y no miente. Cuando tu corazón clama por Dios, Él siempre estará ahí para ti. Adán y Eva estaban tan desconcentrados que olvidaron esto. Eso los llevó a desobedecer a Dios y enfrentarse a un quebrantamiento de corazón.

La serpiente les vendió la idea a Adán y a Eva de que Dios estaba en oferta. La venta más cara en la historia fue basada en un engaño.

4 Pero la serpiente le dijo a la mujer:

—¡No es cierto, no van a morir! 5 Dios sabe muy bien que, cuando coman de ese árbol, se les abrirán los ojos y llegarán a ser como Dios, conocedores del bien y del mal.

Génesis 3:4

La serpiente les hizo creer a los seres humanos más semejantes a Dios que no eran suficientes. Les dijo que su corazón estaba en necesidad de algo más, cuando en realidad ya tenían a Dios en su casa. Sin duda, olvidaron que el verdadero paraíso era la relación que ellos tenían con Dios.

Desgraciadamente seguimos cayendo una y otra vez en el mismo engaño que trajo el pecado a la humanidad, dudamos de quién está en nuestro corazón y creemos que Dios no es suficiente. Cuando permitimos esos pensamientos cometemos los mismos errores que llevaron a Adán y a Eva a cometer el peor negocio de sus vidas. Creemos más en la soledad que en nuestro Dios. El hecho de que no veas a Dios o que no lo sientas no significa que Él no está ahí, Dios siempre está ahí para ti incluso cuando creas que es invisible. Incluso cuando te sientas en un valle de sombras y no veas salida, aún en esos momentos Dios te ofrecerá una salida.

Soledad no es algo que Dios desea para tu vida, por lo tanto, ésta desaparece en el momento que dejas que tu fe sea activada en ti.

La duda siempre te va a llevar a lugares inciertos y definitivamente no te dejará ver lo que ya posees. No dudes el hecho de que Dios está contigo, que eres un/a joven con potencial, que tienes un propósito, no dudes de tus habilidades y nunca dudes de Dios.

6 la mujer vio que el fruto del árbol era bueno para comer, y que tenía buen aspecto y era deseable para adquirir sabiduría, así que tomó de su fruto y comió. Luego le dio a su esposo, y también él comió.

Génesis 3:6

Adán y Eva no sólo dudaron de su compañía, sino que también creyeron la mentira de que no eran suficiente. Después de creer la mentira de que no eran suficiente continuaron con la siguiente mentira. Creyeron que existía algo aparte de Dios que los haría plenos. Vieron el fruto que denominaron bueno, pero terminó siendo su mayor condenación. Se dejaron llevar por apariencias.

Una fiesta llena de jóvenes tomando descontroladamente, parejas en cada rincón besándose y jóvenes haciendo el ridículo porque bebieron demasiado alcohol, puede lucir como una "buena" fiesta, pero al final todos salen más vacíos de lo que entraron.

El corazón de Adán y Eva estaba destinado a la eternidad. No tenían límite de vida hasta que vieron algo que se veía *"bueno"*, pero por no ver más allá del momento perdieron uno de los privilegios más grandes de la historia. El hombre estaba destinado al paraíso y por enfocarse en el placer momentáneo, ellos mismos establecieron una fecha de caducidad. Ese paraíso desapareció porque cayeron en el engaño de que no eran suficientes.

Entregar tu corazón a alguien más que no sea Dios trae consigo tu propia sentencia. Al principio puede parecer la mejor decisión de la vida. No me imagino a Adán y a Eva quejándose y diciendo lo asqueroso que estaba el fruto mientras se lo comían. Al contrario, me los imagino disfrutándolo como si fuera una *Double Western Bacon* con un refresco helado y papas fritas. Probablemente era un fruto delicioso, pero no lo suficiente como para cubrir un vacío eterno.

Estoy cansado de ver a jóvenes caer en ese engaño. Estoy cansado de incluso yo caer en esa misma trampa, en vender mi corazón por algo que para mis ojos se ve glorioso, pero después de un placer momentáneo, me encuentro con la cruda verdad de que me estafaron. Es tiempo de que jóvenes reaccionen ante las amenazas que su corazón enfrenta todos los días y no caigan en vergüenza.

Vergüenza fue lo que sintieron Adán y Eva justo después de desobedecer a Dios, se volvieron conscientes de que algo había cambiado, y ya no poseían la plenitud que antes estaba en sus corazones. Se encontraron con una realidad desconocida que los llevó a un pequeño vacío que iba crecía exponencialmente.

7 En ese momento se les abrieron los ojos, y tomaron conciencia de su desnudez. Por eso, para cubrirse entretejieron hojas de higuera.

8 Cuando el día comenzó a refrescar, el hombre y la mujer oyeron que Dios el Señor andaba recorriendo el jardín; entonces corrieron a esconderse entre los árboles, para que Dios no los viera. 9 pero Dios el Señor llamó al hombre y le dijo:

—¿Dónde estás?

10 El hombre contestó:

—Escuché que andabas por el jardín, y tuve miedo porque estoy desnudo. Por eso me escondí.

Génesis 3:7

La vergüenza los llevó a esconderse del Ser que más los amaba en todo el universo, se alejaron de la persona que lo único que quería era bendecirlos. Muchas veces me he preguntado qué hubiera pasado si en vez de esconderse Adán y Eva hubieran ido directamente con Dios a pedirle perdón. La historia definitivamente hubiera resultado diferente, pero este suceso nos dejó una grave consecuencia y la enfermedad cancerígena más peligrosa del mundo, el pecado.

El pecado busca apoderarse de nuestro corazón cada día y siempre encuentra distintas maneras de hacerlo. En el caso del primer acto de desobediencia, podemos ver cómo fue que por medio de la culpa y vergüenza Adán y Eva se escondieron. En nuestro caso, si no llevamos nuestra culpa a Dios, ésta misma nos llevará a la vergüenza. Debemos aprender de los errores pasados y no dejar que el pecado nos engañe con la mentira de que somos sus esclavos, porque no lo somos.

Adán y Eva vendieron su eternidad por un plátano (o fresa), no dice qué fruto era, pero esas dos son mis favoritas así que me imagino que era alguna de las dos.

¿Qué cosas en tu vida se ven *"buenas"* pero probablemente son engaños para tu corazón?

Tal vez son las dulces palabras que te está diciendo un muchacho, o lo provocativa que es una muchacha contigo. A tus oídos u ojos puede ser muy atractivo, pero, ¿crees que eso en verdad va a ayudar a tu corazón?

Vivimos en una generación que pone su corazón lo más bajo en su lista de prioridades a cuidar. Existen más filtros en nuestras fotos que en nuestro corazón. Nos hemos convertido en una generación muy descuidada, pero también creo que somos una generación que puede despertar su verdadero potencial y transformar el mundo de una manera jamás vista antes. Aunque no creo que esto será posible si no permitimos que el filtro número uno de nuestro corazón sea Dios, nuestro potencial está siendo reducido por nuestro descuido.

Es tiempo de que la humanidad vea lo barato que está en venta su corazón y descubra su verdadero valor. Es tiempo de poner murallas alrededor de nuestro corazón y protegernos de todo ataque que busque conquistarlo. Pero, antes de establecer murallas necesitamos sacar todo lo que lo está perjudicando o será imposible construir una línea de defensa.

Existen muchas situaciones que pueden estar haciendo creer a tu corazón que se encuentra en el mercado correcto, cuando en realidad es todo lo contrario. A continuación, vamos a visualizar historias de hombres que al igual que tú creyeron en Dios (o empezaron a creer), pero por no cuidar su corazón rápidamente fueron estafados.

Saúl, un corazón orgulloso

Es muy común que la historia de Saúl sea comparada con la de David y se muestre a Saúl como el villano de la historia (como si David fuera Batman y Saúl el guasón). Podemos pensar que Saúl siempre fue despiadado, pero si leemos la historia de cómo llegó a ser rey, no fue por medio de un plan malvado o ataque por obsesión con el poder. En realidad, Saúl fue escogido por Dios para ser rey.

La historia del reinado de Saúl inicia en 1 de Samuel 9. La historia se enfoca en describirlo como un joven de con apariencia atractiva (así dice la historia). Saúl buscaba a Samuel para que le ayudará con un problema, no encontraba los burros de su padre (hablo del animal).

17 Cuando Samuel vio a Saúl, el Señor le dijo: -Ahí tienes al hombre de quien te hable; él gobernará a mi pueblo-.

1 Samuel 17:9

Dios escogió a Saúl sin que él lo supiera y al igual que Saúl, Dios te ha escogido a ti. Saúl sólo iba para resolver el problema de su padre, pero se encontró con un propósito. En cuanto Samuel le dijo a Saúl que el pueblo de Israel necesitaba de su ayuda, Saúl se vio a sí mismo incapaz. Aunque fuera de la tribu más *"débil"* de Israel, Dios lo escogió y demostró que para Él no hay preferidos.

Cuando eres escogido por Dios y le crees, Él mismo se encarga de transformarte. A primera instancia, tus pensamientos te pueden traicionar y como a Saúl pueden hacerte pensar que Dios no se fijaría en una persona que proviene de un lugar tan pequeño o indigno.

9 Cuando Saúl se dio vuelta para alejarse de Samuel, Dios le cambió el corazón, y ese mismo día se cumplieron todas esas señales.

1 Samuel 10:9

Aunque Saúl se sentía indigno, decidió escuchar lo que Samuel tenía que decirle. Al principio se mostró inmerecedor, pero aún así decidió obedecer y hacer lo que Dios le pedía. En cuanto comenzó a obedecer, su vida fue transformada. Asimismo nuestro corazón es transformado cuando obedecemos a Dios. Él no te pide requisitos para que te acerques a Su presencia, no te va a pedir el sacrificio de un animal como en la antigüedad o que cantes un himno religioso, simplemente te va a pedir que estés dispuesto a acercarte y escuchar lo que Él tiene para ti.

El corazón de Saúl fue cambiado por Dios y elegido para un gran propósito. Ese plan pronto fue destruido por el mismo que estaba destinado a encaminarlo. ¿Por qué?

Las propias decisiones de Saúl al descuidar su corazón y no rendirlo ante Dios todos los días permitieron que poco a poco se fuera llenando de veneno del orgullo.

<u>Una venta llamada deseo</u>

Saúl perdió de vista a Dios al igual que Adán y Eva. Dejó de ver a su proveedor y empezó a ver su producto, el reinado. Saúl se descuidó porque creyó que reinar era más importante que acudir a Dios.

8 Allí estuvo esperando siete días, según el plazo indicado por Samuel, pero este no llegaba. Como los soldados comenzaban a desbandarse, 9 Saúl ordenó: «Tráiganme el holocausto y los sacrificios de comunión»; y él mismo ofreció el holocausto.

1 Samuel 13:8-9

Saúl comenzó a sentir la tensión en su campamento, ya no existía una atmósfera de confianza y seguridad sino de preocupación ante el poder de los filisteos. Espera, ¿acaso no es el mismo sentimiento que se mostró en Adán y Eva? Los israelitas se sentían solos, Saúl empezó a escuchar y a ver lo que le faltaba (igual que Eva con el fruto y la serpiente). Saúl pensó que ofrecer el holocausto le daría poder cuando Samuel le dijo que esperara a que él llegara. Igual fue con Eva cuando vio el fruto y pensó que este le daría poder, cuando Dios estrictamente le dijo que no comiera de él.

Es muy curioso que nuestra humanidad nos lleve a caer en los mismos errores que cometen nuestros antepasados, nos cuesta aprender y proteger lo que ataca nuestro corazón. El deseo humano es lo que ha llevado a tantos personajes a repetir errores tal y como lo hizo Saúl.

21 Porque de adentro, del corazón humano, salen los malos pensamientos, la inmoralidad sexual, los robos, los homicidios, los adulterios, 22 la avaricia, la maldad, el engaño, el libertinaje, la envidia, la calumnia, la arrogancia y la necedad.

23 Todos estos males vienen de adentro y contaminan a la persona.

Marcos 7:21-23

Nuestro corazón está contaminado, es evidente. En 1 Samuel 10 podemos observar cómo es que Dios transformó el corazón de Saúl y lo llenó con un poder tan puro de su presencia, pero tres capítulos después lo vemos dándole la espalda a Dios. Esto sucedió porque Saúl cayó en el error de creer que la purificación de Dios en su corazón era algo que sucedía sólo una vez en la vida. En lo absoluto, si no dejamos que Dios trate con nuestro corazón todos los días, produciremos lo único que el corazón sabe generar sin Dios: malos pensamientos, robos, orgullo y cosas aún peores.

En 2008 se estrenó una película muy exitosa titulada *Iron Man*. Hay una escena que me recuerda mucho a la manera en la que nuestro corazón funciona ante el pecado. Al principio de la película el personaje principal, *Tony Stark* es atacado por un terrorista y un misil estalla muy cerca de él. Este artefacto penetra su pecho y deja pedazos de metal muy pequeños que le provocarían su muerte en cuanto tocaran su corazón. Tony logra impedir esto, ya que forma un reactor que mantiene a los pedazos de misil lejos del núcleo de su corazón, el veneno no llegaría a su cuerpo siempre y cuando el reactor se encuentre conectado a él. Sin embargo, en una escena de la película es removido, y podemos ver cómo es que el veneno poco a poco lo empieza a paralizar. Así nos pasa con el pecado, en cuanto dejamos a Dios fuera de nuestro núcleo, empezamos a desfallecer y destruimos el propósito para el que Dios nos formó.

El deseo de Saúl lo llevó a ese punto y no sólo quedó en perder su propósito, sino lo llevó más allá todavía y produjo en su vida un camino de muerte y destrucción. Tal vez crees que estoy exagerando, pero créeme cuando te digo que dejarte llevar por el deseo de tu corazón te producirá más daño del que te imaginas.

Yo, como Saúl descuidé mi corazón del deseo y caí en una venta que hasta años después pude recuperar por medio de Jesús. Estaba muy chico, era apenas un niño de ocho o diez años cuando desperté uno de los deseos más peligrosos para un muchacho por entrar en la etapa de la pubertad.

Estaba en casa de un amigo, simplemente pasando un buen tiempo cuando por primera vez vi pornografía. No entendí bien qué era, ni mi amigo, sólo sabíamos que era algo distinto. Algo que se veía "bueno" al instante, pero en realidad era un fraude. Escucha hombre o mujer, es muy importante que empieces a filtrar los deseos de tu corazón o podrás enfrentarte a una cadena de esclavitud tal y como yo caí.

Vivimos en una época en donde es muy fácil encontrar información sobre cualquier cosa. El internet está abierto a todos y estoy seguro de que esto mismo lo has escuchado millones de veces ya sea por tus papás, la escuela o algún líder, pero debes tener mucho cuidado con lo que ves, porque ciertamente unos pequeños minutos de descuido pueden llevar a años de sufrimiento.

Saúl pensó que ofrecer su sacrificio era algo "bueno", pero su motivación fue con base a miedo y orgullo. Creernos superiores a lo que Dios hace por nosotros o ni siquiera agradecer por los logros en nuestras vidas, pueden acercarnos a la puerta del orgullo. Creer que merecemos algo, o que todo lo que hacemos es solamente por nuestros méritos es algo tan peligroso como la pornografía.

La pornografía es como una droga que te vuelve adicto, lo que hace es que te vuelve esclavo de tu deseo y distorsiona el diseño de la sexualidad que Dios formó para ti, despierta e inquieta tu corazón más que nunca. Es por eso que tanta gente la consume, porque su corazón empieza a expandir el vacío e incrementa su necesidad de llenarlo, pero lo único que las personas permiten es hacer el vacío más grande. Piensan que al consumir pornografía están llenando el vacío porque sienten un placer momentáneo, pero se equivocan. Yo vendí mi corazón a la pornografía y años después fui capaz de recuperar lo que la serpiente me robó. Dios me restauró y empezó a formar barreras en mi corazón para nunca más caer en ese vacío, pero primero tuve que ver las consecuencias de un pequeño deseo.

El deseo que no se encuentra filtrado por el corazón de Dios siempre tendrá graves consecuencias. Al estar desalineado de la voluntad de Dios, el deseo humano sólo va a producir cadenas, las cuales se multiplicarán y tarde o temprano te encontrarás inmóvil por tu mismo pecado.

Así sucedió con Saúl, su corazón fue restaurado, pero después se dejó atar por la cadena del deseo y fue llevado a más cadenas como el odio, avaricia, egoísmo, tristeza, etcétera.

Aún estás a tiempo de desatarte de las cadenas que rodean tu vida y recuperar lo que perdiste, pero requiere de perseverancia, sometimiento y fe.

Como les dije, yo me enfrente a la pornografía, y estuve atado por años incluso cuando era un miembro activo de mi iglesia y buscaba una relación con Jesús. Me costó mucho trabajo y cada vez mi corazón se quebrantaba más al saber que había fallado. Lo mejor fue saber que no me encontraba abandonado, que Jesús no me dejó solo (y tampoco a ti).

Yo pude ver cómo mi corazón había sido vendido a la pornografía. Hoy estoy escribiéndote a ti joven, para decirte que no caigas en la trampa que yo caí. No despiertes pasiones juveniles como yo lo hice. No tiene que ser sólo por medio de la pornografía también puede ser por una relación de noviazgo sin límites o por algún amigo con derechos. ¡Despierta! Deja de caer en engaños y aprende a proteger tu corazón de sus deseos venenosos.

¿Cómo enfrentas el veneno del deseo? Lo primero que debes saber, es que el problema no es el deseo, sino el pecado que lo contamina, así que debemos separar todo deseo malo de nuestro corazón. Si deseas un novio para que te ame estás deseando equivocadamente. Si deseas amor entonces a quien necesitas conocer no es a *Juan Pérez,* sino a una persona llamada Jesús. Si lo que deseas es que la gente a tu alrededor te reconozca entonces estás teniendo un deseo equivocado porque el único reconocimiento que es digno de tu corazón es el de Dios. El reconocimiento humano no se compara a lo que un Padre Eterno puede decir de su hijo.

Así que comienza filtrando los deseos de tu corazón, esto, para distinguir entre lo que es un deseo que bendecirá tu vida y uno que la maldecirá (en el capítulo cinco haremos una completa reflexión de cómo separar los deseos de nuestro corazón).

CAPÍTULO 3

15 PORQUE EL CORAZÓN DE ESTE PUEBLO SE HA VUELTO INSENSIBLE; SE LES HAN EMBOTADO LOS OÍDOS, Y SE LES HAN CERRADO LOS OJOS. DE LO CONTRARIO, VERÍAN CON LOS OJOS, OIRÍAN CON LOS OÍDOS, ENTENDERÍAN CON EL CORAZÓN Y SE CONVERTIRÍAN, Y YO LOS SANARÍA".
MARCOS 13:15

Vendí Mi Corazón

15 Porque el corazón de este pueblo se ha vuelto insensible; se les han embotado los oídos, y se les han cerrado los ojos. De lo contrario, verían con los ojos, oirían con los oídos, entenderían con el corazón y se convertirían, y yo los sanaría".

Marcos 13:15

Tres de las razones más grandes por las que yo vendí mi corazón las verás en este capítulo. En lo personal, creo que son de los conflictos personales más grandes a los que se enfrenta la humanidad en la actualidad, no sólo porque yo lo viví, sino porque son problemas constantes que se pueden ver en la juventud.

Vivimos en una generación tan frágil y fácil de ofender que hemos permitido que nuestro corazón se convierta un hogar al orgullo, control obsesivo y a la infidelidad.

<u>Orgullo: Gratis al precio más alto</u>

Si lo primero que pensaste al leer orgullo es que tú no eres para nada orgulloso entonces déjame decirte que ya estás equivocado. Todos tarde o temprano nos encontramos con el vendedor del orgullo y muchas veces se nos es ofrecido en los peores momentos.

El orgullo es aquel que siempre está de persistente en tu vida. Es como los anuncios que te aparecen cuando quieres ver un video por internet, simplemente se quiere forzar a tu vida. Algunos lo pueden saltar fácilmente y para otros es un vendedor frecuente en sus vidas. Cada día ofreciendo más orgullo a sus corazones. En la Biblia existen un sin fin de casos de orgullo, pero el día de hoy nos vamos a enfocar en solo uno, el caso de Uzías.

3 Uzías tenía dieciséis años cuando ascendió al trono, y reinó en Jerusalén cincuenta y dos años. Su madre era Jecolías, oriunda de Jerusalén. 4 Uzías hizo lo que agrada al Señor, pues en todo siguió el buen ejemplo de su padre Amasías

2 Crónicas 26:3-4

Imagínate tener todo un reinado a tu disposición a la edad de diecisiete. Estoy seguro que Uzías estaba consciente de la presión y de la responsabilidad que estaba en sus manos. Probablemente no se sentía apto para reinar o que estaba al "nivel" de los reyes pasados, pero aun sin estar preparado o con experiencia decidió reinar.

Cuando Uzías empezó su reinado gobernó conforme al corazón de Dios e hizo lo que le agrada. Él había escuchado de Dios por un familiar y accedió a escuchar de Dios porque sabía que no había mejor persona que le diera dirección que Él. Fácilmente pudo haber puesto a Dios en segundo plano o a su reino como prioridad, pero Uzías fue más sabio y se acercó a Dios en medio de una de las más grandes responsabilidades de su vida.

Existen tiempos en donde nos encontramos tan saturados de responsabilidades que incluso ponemos a nuestras responsabilidades por encima de Dios. Pueden ser diferentes responsabilidades como nuestra escuela, trabajo o incluso un ministerio. Nos hacemos los ocupados para Dios y tendemos a caer en un ciclo de sólo buscar a Dios cuando las cosas están mal. No caigas en ese error. No me mal entiendas, no te estoy diciendo que ignores tus responsabilidades, sino que metas a Dios en ellas. ¿Quieres que meta a Dios en mis tareas? No exactamente, lo que quiero que entiendas es que tengas presente a Dios en todo lo que haces tal y como lo hizo Uzías al principio de su reinado.

Uzías entendió por medio de su entorno (el cual en ese entonces estaba lleno de gente sabia y temerosa de Dios) que si él dejaba que Dios entrará a su vida entonces iba a prosperar. Prosperar no se trata de simplemente ganar dinero. Lo que prosperar en verdad significa es ganar el favor de Dios. Ganas el favor de Dios cuando tienes una relación constante con Él.

5 y, mientras vivió Zacarías, quien lo instruyó en el temor de Dios, se empeñó en buscar al Señor. Mientras Uzías buscó a Dios, Dios le dio prosperidad.

2 Crónicas 26:5

Uzías encontró el favor de Dios y por ende todo su reinado. Su entorno empezó a cambiar por su relación con Dios. Venció ejércitos, creó fortalezas y le trajo prosperidad a su pueblo. Todo esto lo logró porque Dios estaba con él guiándolo y bendiciéndolo. Un adolescente llegó a reinar de manera exitosa sobre uno de los pueblos más poderosos de aquella época simplemente por tener a Dios a su lado.

Cuando Dios está de tu lado siempre eres la mayoría. Uzías iba ascendiendo en poder, pero dejó que un anuncio llamado orgullo lo frenará. Permitir el orgullo en su vida fue el inicio de su caída. Porque detrás de toda caída existe un enorme *"Yo"* por delante.

16 Sin embargo, cuando aumentó su poder, Uzías se volvió arrogante, lo cual lo llevó a la desgracia. Se rebeló contra el Señor, Dios de sus antepasados, y se atrevió a entrar en el templo del Señor para quemar incienso en el altar.

2 Crónicas 26:16

Uzías tenía el favor de Dios sobre su vida, pero le dio la espalda porque no cuido su corazón del veneno llamado orgullo. Estoy seguro que dejó que a su mente entraran pensamientos de lo que estaba logrando era solo por sus fuerzas y no por lo que Dios estaba haciendo a través de su vida. Empezó a despreciar el favor de Dios sobre su vida y se llenó de arrogancia. El orgullo y arrogancia provocaron su caída.

Cuando aumentó su poder, Uzías abrió la puerta del orgullo. Cuando vio más la bendición que al que lo estaba bendiciendo fue cuando entró el orgullo a su corazón. Cuando vemos más a la fruta que al creador del paraíso es cuando somos corrompidos. Ponte a ver las situaciones en tu vida en donde has identificado éste gigante anuncio o espectacular titulado orgullo y le has dado *click* para que entre a tu corazón.

En mi vida muchas veces deje que el orgullo dominará mi corazón y empecé a retroceder por lo mismo. El orgullo siempre producirá un retroceso en tu vida ya sea de una bendición, de un milagro o incluso de tu propósito. Como les dije el orgullo es enfadoso. Es aquel vendedor que por más que le digas que no siempre está ahí persistiendo esperando al día que accedas.

En mi familia lo he observado y puedo decir que yo era una de las personas más orgullosas del universo (si, lo admito). Tenía luchas continuas con el orgullo y sabía que muchas veces hacía ciertas cosas simplemente por mí. El favor de Dios crecía sobre mi vida y también la oportunidad de alimentar mi orgullo, pero aprendí a ser fuerte y cerrarle la puerta. Si accedía al orgullo tarde o temprano terminaría como Uzías perdiendo todo.

El orgullo de Uzías hizo que creyera que fuera digno de entrar al templo y ofrecer sacrificios aunque no fuera un sacerdote. Su orgullo lo llevó a despreciar el rol de otras personas. El veneno del orgullo no solo es letal para uno sino también puede llegar a dañar a quienes los rodean. En mi familia he visto como relaciones de toda la vida se han perdido por no dejar el orgullo a un lado, como hermanos o hermanos dejan de hablarse por orgullo y forman una herida en el corazón de toda la familia.

Dios castigó a Uzías con lepra por permitir que la arrogancia y el orgullo endurecieran su corazón.

No se trata de cómo inicia tu historia sino como termina. Tu vida puede que esté llena de orgullo y arrogancia, pero puedes dejar eso atrás. No termines tu historia con la infección de orgullo y arrogancia como Uzías lo hizo.

Descontrolando la promesa

Recuerdo cuando tenía quince años una de las veces que me rompieron el corazón (¡triste lo sé!). Me gustaba una muchacha y yo también le gustaba (eso me dijo), pero no éramos novios, éramos *"quedantes"* (pre-novios si es que existe esa palabra). La verdad no tenía edad ni la madurez para andar pensando en un noviazgo, pero por no obedecer el consejo de mis líderes termine enfrentando las consecuencias. Termine lleno de tristeza y con un corazón quebrantado.

Lo que ocurrió fue que la muchacha iba en otra escuela y escuche un rumor de que ella estaba quedando con otro muchacho entonces me enoje mucho y le reclame (como si tuviera el derecho). Me dijo que era mentira y prometió que se esperaría para que estuviéramos listos. Pasó el tiempo y el amor desapareció. Terminé decepcionado con un corazón hecho pedazos.

Actualmente lo recuerdo y se me hace ridículo, pero no se me olvida una vez que le reclame y le dije la siguiente frase: "Pero lo prometiste". ¿La has escuchado? Tal vez tú se la hayas dicho a alguno de tus padres, algún amigo o incluso puede que te la hayan dicho a ti. Prometemos algo, pero no lo terminamos cumpliendo.

Dios nunca es así, Él es fiel a su palabra y no requiere de un contrato que lo obligue a cumplir lo que prometió. Él simplemente cumple y nunca decepciona. A veces nos cuesta creer esto y comparamos a Dios a un humano, pero su naturaleza es divina. La promesa de Dios se cumple en tu vida, pero requiere de tu fe para creer que tarde o temprano llegará. Tendemos a ser muy impacientes y queremos forzar la promesa de Dios a nuestra estación. Antes de finalizar este capítulo veremos una de las historias que en lo personal más me ha impactado y demostrado lo que es hacer el peor negocio del mundo, tomar el control de una operación destinada a fallar al menos que esté en manos de Dios.

Tomando el control

¿Alguna vez te has enfrentado a una situación en donde vez que existe un problema y nadie puede solucionarlo? Entonces, tú planteas una solución y termina resolviendo el problema. A menudo vemos casos en donde una amiga o amigo se nos acerca desesperadamente pidiéndonos un consejo que les ayude a solucionar su vida amorosa y según nosotros ofrecemos el mejor consejo para controlar su "extrema" situación. Estoy seguro que en algún punto de tu vida has tenido la oportunidad de ver cómo las situaciones de alguien más podrían ser mejor manejadas si tu estuvieras al control de ellas.

Tanto hombre como mujeres luchamos por querer controlar todo nuestro entorno. No quiero ser el dador de malas noticias, pero de la manera más sencilla y sincera quiero decirte que no es posible. Tu vida está destinada a salirse fuera de control cuando tú la intentas manejar por tu propia cuenta. Tal vez al escuchar *"Tomando el Control"* pensaste en como tu vida iba a tomar rumbo o cómo íbamos a hablar de cómo

Dios siempre soluciona problemas sin importar lo que tu hagas. Quiero aclararte que no se trata de eso, tu vida no puede tomar rumbo y ser solucionada si el control principal se encuentra en tus manos.

Si vives con una mentalidad cerrada a que todo lo que haces puede ser solucionado por ti entonces estás cometiendo un grave error. Tampoco significa que porque no puedas controlar todo debas dejar tu vida tomar rumbo sin cuidado y vivir un diariamente a base de uno de los peores acrónimos del mundo, *YOLO* (¡si no sabes que es, te le dejo de tarea!). Vivir una vida fuera de control es demasiado peligroso para ti.

Piensa en esos momentos en los que te peleaste con Dios por tomar el control. Como cuando dos hermanos discuten por lo que quieren ver en la Televisión y luchan salvajemente por el control hasta que uno se harta (o pierde) y acusa al otro con alguno de sus padres (#MeLlegoAPasar). Con Dios intentamos lo mismo, lo único diferente es que Dios es un caballero, y no va a pelear por controlar tu vida incluso cuando puede hacerla lo más entretenida y plena posible. Puede incluso que ni siquiera estés consciente de que el control de tu vida aún no está en las manos de Dios y si es así tal vez es tiempo de que pienses en las veces que te ha fallado tener el control. Yo puedo decir un sin fin de ocasiones en las que he fracasado por hacer las cosas queriendo tener yo el control cuando Dios lo debía de tener. Incluso he caído en entregarle el control de mi vida a Dios y tiempo después arrebatarselo de las manos cuando lo mejor estaba por suceder.

Sara, una de las mujeres más emblemáticas de la Biblia, vivió una situación similar en la que su familia estaba siendo guiada por Dios hasta que ella quiso tomar el control. Sara anhelaba con todo su corazón tener un descendiente, pero tenía también un enorme problema, era estéril. A pesar de su circunstancia Dios le prometió que tendría descendencia.

Sara se enfrentaba con dos cosas que pueden llegar a llevarnos a querer arrebatar el control de Dios sobre nuestras vidas. Tenía por enfrente una promesa y un problema. Ella veía más grande su problema que su promesa. Este puede ser uno de los errores más grandes que podemos cometer, hacer chica la palabra de Dios y grande la circunstancia en nuestras vidas.

¿Qué hizo Sara? Comparó su promesa al nivel de su problema, y en vez de creer en Dios quiso tomar el control de su situación y produjo un resultado mediocre. Las promesas de Dios siempre van a cumplir o superar tus expectativas.

1 Saray, la esposa de Abram, no le había dado hijos. Pero, como tenía una esclava egipcia llamada Agar, 2 Saray le dijo a Abram:

—El Señor me ha hecho estéril. Por lo tanto, ve y acuéstate con mi esclava Agar. Tal vez por medio de ella podré tener hijos.

Abram aceptó la propuesta que le hizo Saray.

Génesis 16:1-2

Sara (o Saray como dice en la Nueva Versión Internacional), intentó administrar la promesa de Dios. He visto numerosas ocasiones en las que personas caen en este error incluso puedo decir que varias veces he caído en el mismo error que Sara. Recibo una promesa de Dios, y por no ver cambios en mi vida me desespero y empiezo a actuar en base a mi desesperación. Dios quiere que entiendas que es trabajo en equipo y que se cumplirá en su tiempo indicado.

Tu situación puede que se encuentre en un estado estéril como el de Sara y veas imposible lo que Dios te promete. Veas imposible la promesa de Dios sobre tu enfermedad, sobre tu familia, sobre tu relación, sobre tu adicción o cualquier otra circunstancia que te encuentres viviendo. Que se vea estéril no significa que Dios no esté trabajando en tu vida o en tu favor.

El enemigo ha atacado a la mujer para que sea mala administradora de su corazón. Sara vendió su corazón por querer tomar control de la promesa de Dios sobre su vida. Mujer, Dios te prometió amor eterno y eso no lo encontrarás en un hombre sino en el amor que Jesús tiene por ti. Me ha tocado ver muchas mujeres alejarse del amor genuino que tenían con Dios por querer adelantar su promesa; por querer poner una promesa de Dios bajo su control.

Ponte a pensar en esas promesas o incluso sueños que Dios ha sembrado en tu corazón que se encuentran en un estado estéril. Puede ser que te encuentras en un momento en el que no sabes qué rumbo debe tomar tu vida. Que te encuentres en un tiempo en el que no sabes qué preparatoria elegir, que carrera universitaria elegir, qué hacer con ese muchacho que te dijo que le gustas, etc.

El primer error que Sara cometió fue que sacó a Dios de la ecuación. Lo que era:

Sara + Circunstancia + Dios = Promesa.

Se convirtió en:

Sara + Circunstancia + ~~Dios~~ = ~~Promesa~~

El diseño de la promesa de Dios no puede funcionar si Él no está dentro de la fórmula. Sara invitó a su esposo a que se acostará con su esclava para que así ella pudiera tener un hijo por medio de su esclava.

4 Abram tuvo relaciones con Agar, y ella concibió un hijo. Al darse cuenta Agar de que estaba embarazada, comenzó a mirar con desprecio a su dueña. 5 Entonces Saray le dijo a Abram:

—¡Tú tienes la culpa de mi afrenta! Yo puse a mi esclava en tus brazos, y ahora que se ve embarazada me mira con desprecio. ¡Que el Señor juzgue entre tú y yo!

Génesis 16:4-5

El resultado fue una promesa mediocre y decepcionante para Sara. Terminó perdiendo a una de sus siervas, y tiempo después produjo una de las divisiones más grande de la historia del pueblo judío y todo por querer tomar control de la promesa de Dios. Puede que estés viviendo un tiempo en donde quieres forzar la promesa de Dios sobre tu vida, quieras forzar una relación de noviazgo cuando sabes que aún no es el tiempo indicado o forzar un trabajo cuando sabes que tus padres quieren que estudies la universidad.

La promesa de Dios llegará tarde o temprano no te desesperes y no quieras resolverlo tú en tus propias fuerzas. Ismael fue el hijo que Abraham (o Abram) tuvo con la sierva de Sara, Agar. Agar oro a Dios por misericordia y Dios cumplió su promesa de cuidar a su familia. Los errores que cometió Sara aun así fueron de bendición para la vida de alguien más.

Tal vez tú hayas leído esto y ya te adelantaste a la promesa. Puede que pienses que porque ya le quitaste el control de tu vida a Dios ya no puedes hacer nada al respecto, pero quiero decirte que aún es tiempo para regresar a la ecuación original. Igual y ya estás viendo al Ismael de tu vida. Puede que en este instante estés viendo los errores que se produjeron por adelantarte.

Recuerdo en varias ocasiones hablar con jóvenes que descubrieron esto demasiado tarde. Que ven cómo adelantarse a una promesa los llevó a producir en un Ismael sobre sus vidas.

Conozco incluso un caso en específico en donde un joven me comentó que por no cuidar su relación con una amistad cercana se adelantó y tiempo después esa relación terminó en desastre. Lo que él había visto como una relación potencial terminó en desastre porque ambos no esperaron al tiempo correcto. Uno de ellos empezó a alejarse de Dios y él se encontró en una traba en la que quería bendecir la vida de ella, pero era demasiado el dolor que existía entre ellos que lo único que hacía era alejarla. Se encontraba en el resultado de la promesa Ismael. Tuvo que confiar en Dios y orar para que convirtiera su promesa en bendición aun si él ya no estaba directamente conectado con ella. Ella siguió el camino de Dios y actualmente ambos se encuentran sirviendo en su iglesia aunque ya no juntos como pudo haber sucedido, pero lo que pudo ser un desastre y decepción Dios lo cambió para bien.

Puede que los errores que hayas cometido aun te sigan y sientas el peso de ellos sobre tu espalda, pero es tiempo de que los dejes en manos de Dios, pidas perdón por tus actos y los bendigas para que Dios convierta algo malo en algo que lo glorifique.

<u>Tu promesa sigue en pie</u>

Cerrar el ciclo de tomar el control de las manos de Dios puede que se sienta difícil, pero al final es lo mejor que puedes hacer para reencontrarte con la promesa de Dios sobre tu vida. ¿Qué? ¿Creíste que por qué rompiste tu promesa Dios rompería la suya? Dios siempre cumple sus promesas.

Lo observamos si continuamos leyendo el libro de Génesis. Pasan pocos capítulos para que se cumpla, pero en tiempo de Abraham y Sara tuvieron que pasar trece años para que se cumpliera la promesa de Dios sobre sus vidas.

Un año antes de que cumpliera, Dios se le aparece a Abraham para recordarle que su promesa sigue en pie. Hay una canción en inglés que en lo personal me encanta, se llama

"*Do It Again*" de *Elevation Worship* y en un verso de la canción dice la siguiente frase: "*Your promise still stands*" o lo que en español vendría siendo: "*tu promesa sigue en pie*". Recuerdo cuando la escuche por primera vez como cambio mi manera de ver las promesas de Dios sobre mi vida y es algo que asimilo mucho en la conversación que Dios tiene con Abraham.

> *4 —Este es el pacto que establezco contigo: Tú serás el padre de una multitud de naciones. 5 Ya no te llamarás Abram, sino que de ahora en adelante tu nombre será Abraham, porque te he confirmado como padre de una multitud de naciones.*
>
> *Génesis 17:4-5*

Me encanta como Dios se le aparece Abraham y le recuerda que su promesa sigue en pie. Le cambia el nombre confirmando que su promesa está por llegar.

El cambio de nombre se convirtió en una confirmación de que su proceso estaba por finalizar. El proceso de espera estaba por terminar y su promesa estaba por llegar. La promesa sigue en pie.

Si Dios te promete una familia entregada a Dios créeme llegará el tiempo en el que lo verás, no vendas tu corazón a querer controlar la promesa de Dios y simplemente cree que Él la cumplirá en su tiempo. Dios nunca llega tarde, Él siempre llega a tiempo. Si piensas que Dios se atoró en el tráfico de las promesas entonces estás equivocado. No es que Él esté atorado en el tráfico de las promesas tal vez tú estás atorado en el tráfico del proceso. Puede que te encuentres en los trece años de proceso (metafóricamente hablando por supuesto) como Abraham y Sara, pero recuerda la promesa de Dios sigue en pie.

Cuando tenía dieciséis años hice algo que estoy seguro muchos han llegado a hacer con Dios. Le clamé porque me revelará a mi esposa (fue un momento de soledad y desesperación no me juzgues). Sí lo confieso y quiero aclarar que mi clamor no fue una simple oración de Dios de "*Oye Dios, ¿quién es mi esposa?*" sino fue una inquietud genuina. Aún recuerdo lo desesperado que me encontraba y esa semana me enfrente ante muchas respuestas. Dios contestó mi pregunta aunque no de la manera que yo esperaba. Me dio especificaciones de cómo sería mi esposa, tal y como lo hizo con Abraham al enseñarle las estrellas y decirle que así de grande sería su descendencia.

Lo primero que hice fue buscar a alguien que cumpliera esas características y arrebatar la promesa como tanto había escuchado en ciertas predicaciones. En este caso, esa palabra no aplicaba porque Dios me estaba dando especificaciones no porque era tiempo de que esa promesa se cumpliera sino para que entendiera que ocupaba entrar en un proceso para llegar a tener esa promesa. Actualmente sigo en ese proceso de promesa. Que no se haya cumplido mi promesa aun no significa que no le creo a Dios para que la cumpla, tarde o temprano llegará (y todos los solteros digan amén).

He aprendido que si tomo el control de la promesa de Dios y no dejo que trabaje en mi voy a terminar con un corazón quebrantado porque eso fue lo que paso cuando escuche la promesa de Dios sobre mi vida la primera vez. Tome acción y empecé a forzar una promesa a mi tiempo. Termine lastimando a una persona y yo con un corazón hecho pedazos que luego Dios sanó con todo su amor. Aprendí mi lección y comprendí que hay veces en las que debemos de simplemente aceptar el tiempo de la promesa de Dios porque la promesa sigue en pie.

1 Tal como el Señor lo había dicho, se ocupó de Sara y cumplió con la promesa que le había hecho. 2 Sara quedó embarazada y le dio un hijo a Abraham en su vejez. Esto sucedió en el tiempo anunciado por Dios.

3 Al hijo que Sara le dio, Abraham le puso por nombre Isaac.

Génesis 21:1-3

Isaac cumplió la promesa de Dios sobre las vidas de Sara y Abraham. Así que mantente expectante de la promesa y el proceso de tu vida en el que estás. Mi pastor siempre nos dice algo a todo el equipo de la iglesia al iniciar el año y es una palabra que Dios le da con la que trabajará en la iglesia. He visto claramente cómo Dios trabaja con esa palabra en mi iglesia los últimos años y cada vez me encuentro más ansioso por saber cómo Dios nos ayudará a avanzar hacia la promesa que nos dijo.

La clave para no vender tu corazón al deseo de tomar el control de las manos de Dios es ver la promesa y otorgarle el control de tus acciones, anhelos y tiempo a Dios. El Isaac de tu vida llegará tarde o temprano.

En mi vida me he enfrentado constantemente con este problema de querer controlar lo que solamente puede ser manejado por un ser superior, Jesús. Queremos hacer las cosas con un solo *"yo"* cuando Dios te está diciendo que las enfrentes con un gran *"nosotros"*.

La trampa de la infidelidad

La última venta que tocaremos en este capítulo es una de las más vistas en la Biblia, la infidelidad del pueblo de Dios. No es algo que observamos solo en una historia sino es un patrón constante entre la gente de Israel y Dios. Dios se muestra ante ellos, el pueblo lo adora, después lo olvida, caen en desgracia y una vez más buscan a Dios. Puede que pienses lo tonto que es que el pueblo escogido, es decir Israel, vuelva a caer tantas veces en lo mismo, pero es algo que incluso en la actualidad seguimos haciendo. ¿Seguimos? Si tristemente aún en la actualidad es algo que tú y yo podemos llegar a cometer.

¿Estás destinado a eso? No, si tú lo decides. Para lograr alejarte de caer en vender tú corazón a la infidelidad debes de aprender el valor que tiene tu corazón para Dios.

Estoy seguro que alguna vez alguien te ha sido infiel. No tiene que necesariamente ser en una relación amorosa sino puede ser una amistad o un familiar que te prometió siempre estar ahí y te abandono. Puede que hayas visto la infidelidad en tu vida de distintas maneras tal y como Dios lo llego a ver con su pueblo. Probablemente si esa persona se acercara otra vez y te pidiera perdón no se lo otorgarías o tal vez sí pero, ¿la perdonarías después de que te fuera infiel por más de cien veces?

Dios lo hizo y te aseguro que han sido más de cien veces. Te aseguro que para Él no fue nada fácil porque su amor por su pueblo es incomparable. Un amor indescriptible que hacía que su pueblo fuera invencible, pero desgraciadamente el pueblo le fue infiel y tuvo que enfrentar las consecuencias de alejarse de Él.

2 »"Recuerdo el amor de tu juventud, tu cariño de novia, cuando me seguías por el desierto, por tierras no cultivadas. 3 Israel estaba consagrada al Señor, era las primicias de su cosecha; todo el que comía de ella sufría las consecuencias, les sobrevenía la calamidad"», afirma el Señor.

Jeremías 2:2-3

El pueblo de Israel en manos de Dios era protegido e imparable. No había obstáculo que los pudiera frenar, pero con el tiempo lo fueron olvidando. No fue algo que ocurrió de la noche a la mañana, fue un descuido que permitió la entrada al veneno de la infidelidad a su corazón.

¿Qué llevó al pueblo a la infidelidad? Primeramente fue su falta de relación con Dios. Empieza a pensar cómo se encuentra tu relación actual con Dios. Hazte estas tres preguntas:

¿Quién es Dios para mi vida?

¿Qué tanto tengo a Dios presente?

¿Qué tanto veo sus respuestas en mi vida?

El pueblo de Dios se enfrentaba a un problema de constantemente desconectarse de Dios. Una de las razones principales fue porque olvidaban que una relación con Dios es algo de todos los días. No es una visita de una vez al año, mes, semana sino una charla de cada día. Dios nos creó para relacionarnos con Él tal y como Él creo el amor entre dos seres humanos para que se unan y formen un solo ser para toda la vida (matrimonio). Sería raro ver que mi padre le dijera a mi madre que la ama y no le hablara hasta el año siguiente cuando viven en la misma casa.

Debemos a aprender a relacionarnos con Dios o caeremos en la infidelidad queramos o no. Una relación constante fortalece el vínculo y nutre el corazón. La razón por la cual caemos en infidelidad es por el simple hecho de no conversar con Dios. Entonces lo intentamos reemplazar con cualquier cosa ya sea otro ser humano, dinero, películas o hasta becerros de oro. Distanciarte de Dios producirá que los deseos de tu corazón salgan a flote e intenten reemplazar el lugar de Dios. No es que Dios quiera que te alejes de Él. Tu propia falta de interés en relacionarte con Dios te lleva a buscar falsos ídolos.

Al inicio cuando comencé a seguir a Dios empecé a notar que ya no disfrutaba ciertas cosas como antes lo hacía. No fue porque me hice un "cristiano aburrido" sino porque Dios me abrió los ojos y me demostró lo falso e infiel que estaba siendo. Ya no disfrutaba ciertas cosas porque sabía que estaban mal.

Mucha gente piensa que ser cristiano es aburrido porque los cristianos se privan de ciertas cosas que la demás gente no, como tomar desenfrenadamente hasta emborracharse, tener sexo fuera del matrimonio, ver películas de terror, etc. No es que Dios sea aburrido, es que quiere abrirte los ojos para que disfrutes tu vida al máximo.

Dios me ayudó a ver como mi corazón estaba siendo vendido a la infidelidad. Hay muchas maneras en las que podemos ver esta perspectiva de infidelidad pero en la última parte de este capítulo nos enfocaremos en una de las infidelidades más grandes que está cometiendo la juventud en la actualidad. Estamos siendo infieles a nuestro mejor amigo.

La juventud de hoy en día es guiada por amistades. Todos tenemos nuestro círculo social de amistades en donde creemos lo que nuestros amigos creen, hablamos como nuestros amigos hablan, escuchamos lo que nuestros amigos escuchan y vemos lo que nuestros amigos ven. No te alteres, no estoy diciendo que Dios no quiere que tengas amigos. Al contrario, Dios quiere darte las mejores amistades, pero para eso ocupa Él ser tu amigo primero.

En los tiempos antiguos los padres eran más influyentes sobre sus hijos. Ahora los amigos son más influyentes que los padres. Una gran parte de nuestras vidas es impactada por quienes tenemos como amigo.

¿Alguna vez has pensado a Dios como tu amigo? Yo tardé en entender que Dios también era mi amigo. Es una autoridad sobre mi vida, es mi Padre, pero también es mi amigo y no muchos entienden este concepto porque tenemos un concepto tan distorsionado de amistad que no podemos meter a Dios en ese falso concepto. Creemos que amigos solo son momentáneos, que solo son para bromear y que puede ser cualquiera. Hemos sido infieles como amigos.

Yo recuerdo no solo una sino muchas ocasiones en las que actuaba en base a este falso concepto de amistad. En vez de cantar la canción de *"Yo soy tu amigo fiel"* de *Toy Story* yo cantaba *"Yo soy tu amigo infiel"* y no lo veía así hasta que Dios me abrió los ojos. Me demostró todas las veces que he sido un mal e infiel amigo. Descubrí una larga lista de los amigos a los que les había sido infieles y en el lugar número uno se encontraba Él.

Mis relaciones en vez de ser bendecidas eran maldecidas porque no buscaba ser un buen amigo sino simplemente ser el chistoso burlón. Hasta que Dios me dio el concepto correcto de amigo.

6 Más confiable es el amigo que hiere que el enemigo que besa.

Proverbios 27:6

Primeramente un amigo es honesto aun cuando sabe que le puede doler a la otra persona lo que le dice. Un amigo siempre dice la verdad teniendo en cuenta las consecuencias. Yo no estaba siendo honesto con Dios, le decía que lo iba a seguir pero en cuanto salía del servicio de la iglesia lo único que hacía era esconderme de que la gente me diga cristiano y que iba a la iglesia. La iglesia soy yo, no un edificio. Estaba siendo deshonesto con Dios y conmigo mismo.

Posiblemente has sido un amigo deshonesto. Si la deshonestidad está dentro de tu corazón entonces has caído en la venta de la infidelidad. Yo caí en ella e identifique que estaba siendo infiel con mis amistades y con Dios. Para expulsar este veneno debes de empezar pidiendo perdón y cambiar tus hábitos de mentira. Piensa en una amistad en específica, sólo una. Está semana (no la siguiente ni dentro de dos años) busca a esa persona pídele perdón y dile algo honesto que nunca le hayas dicho. Puede ser un *"gracias, nunca te he dicho esto, pero siendo honesto quiero decirte que eres una persona que me inspira y me motiva a buscar a Dios"* o cualquier otra cosa que haga crecer su amistad.

13 Nadie tiene amor más grande que el dar la vida por sus amigos.

Juan 15:13

El amor es primordial dentro de una amistad y va más allá de un querer. El amar a un amigo es tan extremo como dar tu vida por él. No es algo obsesivo sino es querer a la persona tanto que aprecias su vida. Una vez escuche este ejemplo dentro de un congreso bíblico que me impactó mucho. Si ves que un amigo tuyo está apunto de abordar un avión, el único que hay en el aeropuerto y él se sube, pero justo antes de que vaya a despegar vez que una de las alas del avión está averiada y en llamas, ¿no harías lo posible por pararlo? ¡Claro que sí!

Dios tomó ese paso y bajó a la tierra para avisarte que el avión estaba dañado por culpa de algo llamado pecado. No solo te aviso que el avión que se encontraba en pésimas condiciones sino también te dio su boleto para que fueras a un destino conocido como el cielo.

Un amigo sacrifica lo necesario por amor a la vida de sus amigos. Tal vez no has amado la vida de tus amigos lo suficiente. Ponte a pensar las veces que les has hablado de Jesús a tus amigos. Si no son más de tres entonces entras en la categoría de amigo infiel porque un amigo fiel está dispuesto a dar su vida con tal de que sus amigos se salven. Tal vez no se trata de dar tu vida literalmente sino solo unas palabras que pueden traer una salvación eterna. Lo peor que puede pasar es que te rechacen y si te rechazan no te están rechazando a ti sino a Jesús

16 »El que los escucha a ustedes, me escucha a mí; el que los rechaza a ustedes, me rechaza a mí; y el que me rechaza a mí, rechaza al que me envió».

Lucas 10:16

Es mejor que seas rechazado por mantener tu corazón en la fidelidad a que lo vendas por miedo al rechazo. Si te rechazan y te dejan de hablar no te preocupes nunca fueron tus amigos porque los amigos de verdad dan su vida por otros. Yo he tenido "amigos" que me dejaron de hablar por el simple hecho que decidí seguir a Jesús y admito que no fue fácil, pero no puedo obligarlos. Si Dios no obligo a su propia gente tampoco yo puedo obligarlos, pero tampoco les cerraré la puerta a la salvación porque Dios tampoco lo hizo. Si algún día uno de los amigos que me rechazó me busca porque tiene necesidad de Jesús con un corazón fiel y dispuesto le hablaré del amigo que dio todo por mí y por él, Jesús.

14 Ustedes son mis amigos si hacen lo que yo les mando.

Juan 15:14

Un amigo es honesto, ama y obedece. Tal vez no relaciones mucho la obediencia con el concepto de amigo incluso puedo decir que para mí fue algo complicado de entender hasta recientemente. Siempre me he considerado una persona amigable, pero cuando Dios me confronto con el hecho de que mi concepto de amigo era el equivocado y para entenderle debía descubrir su aspecto de amigo en mi vida fue cuando empezar a verlo de una manera clara en las amistades a mí alrededor.

Puedo nombrar varios casos en los que la obediencia a un amigo han aplicado sobre mi vida desde la vez que Esteban me corrigió por siempre querer hacer las cosas a mi manera, unas gemelas llamadas *Abi* y *Gail* me regañaron por exponer demasiado mi corazón, uno de mis mejores amigos llamado Jorge (le decimos *Koke*) me aconsejo a ser paciente en mi vida, o podría decir otro sin fin de casos de amigos que me han demostrado lo que es aplicar la obediencia en una amistad, pero diré uno de los casos más recientes.

Dos de mis mejores amigos, *Isai* y *Tamara* decidieron hablar conmigo. No digo que no hablen conmigo sino que me sentaron literalmente a hablar formalmente de mí y de como diría mi pastor mis *"rollos psicológicos"*. No les voy a contar todo a detalle, pero en pocas palabras me guiaron al punto en donde debía buscar a Dios urgentemente. Era algo pequeño que detectaron, pero sabían que si no lo atendía tarde o temprano iba a ser más difícil de enfrentar. En pocas palabras, me confrontaron y me dieron un consejo que fielmente obedecí. Esa misma semana vi lo que estaba haciendo mal y cómo Dios utilizó a mis amigos para sanar y ayudarme a crecer. Ellos aplicaron el primer paso y fueron honestos conmigo aun sabiendo que podría reaccionar de manera equivocada. No solo fueron honestos sino también dieron su vida por mí al recordarme el salvador de mis problemas, Jesús.

Pablo, en la Biblia, les demuestra un amor a sus amigos de Corinto guiándolos a obedecer la palabra de Dios y advertirles de que cuiden su corazón de los engaños de falsas enseñanzas de su entorno.

2 "pues los celo, con el celo de Dios mismo. Los prometí como una novia pura a su único esposo: Cristo. 3 Pero temo que, de alguna manera, su pura y completa devoción a Cristo se corrompa, tal como Eva fue engañada por la astucia de la serpiente."

2 Corintios 11:2-3

Un amigo siempre buscará que seas obediente a Dios. Un amigo te hablará de los mandatos de Dios porque te ama y es honesto. Dios busca que seamos honestos, amorosos y obedientes a Su palabra, eso traerá una pureza a nuestro corazón. Tener un corazón puro nos acercara a Él y nos dará dirección de las malas amistades que se encuentran en nuestra vida.

11 El que ama la pureza de corazón y tiene gracia al hablar tendrá por amigo al rey.

Proverbios 22:11

Empieza a limpiar esas impurezas de tu corazón y descubrirás la gracia de Dios sobre tu vida. No seas como el pueblo de Israel que trajo su propia destrucción a su corazón. Su corazón se dejó llevar por la moda del orgullo, descontrol y de la infidelidad. Al contrario empieza a purificar tu corazón y crea una devoción con Jesús.

30 "He optado por el camino de la fidelidad, he escogido tus juicios."

Salmo 119:30

CAPÍTULO 4

26 "LES DARÉ UN NUEVO CORAZÓN, Y LES INFUNDIRÉ
UN ESPÍRITU NUEVO; LES QUITARÉ ESE CORAZÓN
DE PIEDRA QUE AHORA TIENEN, Y LES
PONDRÉ UN CORAZÓN DE CARNE."
EZEQUIEL 36:26

La Mejor Compra de la Historia

26 "Les daré un nuevo corazón, y les infundiré un espíritu nuevo; les quitaré ese corazón de piedra que ahora tienen, y les pondré un corazón de carne."

Ezequiel 36:26

La peor venta de la historia sucedió a base de un engaño. Solo bastó una sola operación para que el ser humano cayera en una deuda eterna, todo por intercambiar el paraíso por un fruto momentáneo.

Dios no se iba a quedar con los brazos cruzados, y diseñó un plan perfecto que cumpliera con todas las cláusulas y leyes para recuperar al ser humano. La venta del humano al pecado no la realizó Él, pero eso no lo freno de invertir en la humanidad.

El Inversionista

Dios es el mayor inversionista de tu vida. Él arriesgó todo para recuperar a su creación maravillosa. Se arriesgó por ti, si tú, el que se encuentra leyendo esto. Él bajó del cielo para darte un mensaje personal de amor. No bajó como una neblina de oro o como un gigante con poder absoluto sino descendió del cielo de la manera más humilde posible, como un bebé humano.

El creador del universo apostó el destino de la humanidad entera en las manos de un bebé. Un bebé llamado Jesús que creció para volverse en el abogado de los seres humanos. Desde el inicio fue escogido y desde el principio demostró que no había mejor inversionista que Él. Es nuestro mediador. Él se tomó personal la tarea de comprar el corazón que nosotros vendimos.

Cien por ciento hombre y cien por ciento Dios. ¿Por qué Jesús? Porque únicamente Él fue capaz de demostrar que podía cumplir todo decreto que la ley establecía para reclamar las llaves de nuestra libertad. La historia del Salvador del mundo es la más impactante en la historia, el negocio más grande de la historia y la inversión más arriesgada de todos los tiempos.

Todo empezó de la manera más inesperada para todo el pueblo judío, el salvador de la tierra vino en el vientre de una mujer.

20 Mientras consideraba esa posibilidad, un ángel del Señor se le apareció en un sueño. «José, hijo de David —le dijo el ángel—, no tengas miedo de recibir a María por esposa, porque el niño que lleva dentro de ella fue concebido por el Espíritu Santo. 21Y tendrá un hijo y lo llamarás Jesús, porque él salvará a su pueblo de sus pecados».

Mateo 1:20-21

El nacimiento de Jesús fue por medio de una mujer y el Espíritu Santo, desde el principio fue hecho especial. Creo que todos en algún punto de nuestras vidas hemos visto la imagen de un pequeño bebé envuelto en tela blanca en un pesebre en una granja. Mucha gente la llega a poner de decoración en navidad. Puede que incluso tu familia haya puesto un pesebre en tu casa pero, ¿por qué?

Desde el inicio de su vida fue perseguido. Desde antes que naciera ya había un mundo que lo quería destruir. Sin embargo, Él era más poderoso aún siendo un solo bebé pequeño. Tenía un equipo que lo protegía, el Espíritu Santo y Dios.

Los padres terrenales de Jesús sabían que su hijo era el escogido, pero no tenían idea de la magnitud del poder que se encontraba bajo su propio techo. Ellos simplemente decidieron obedecer y creer que Dios iba a utilizar la vida de su familia (¡Y vaya que lo hizo!).

Treinta tres años de misión en la tierra para salvar a la humanidad aunque el 91% del tiempo se la pasó como un ser humano trabajando y ayudando en su casa. Solo tres años le bastaron para partir la historia en dos, pero regresemos al inicio de su historia.

El Salvador del mundo en un pequeño y humilde bebé que comenzó a crecer como cualquier otro ser humano. Jesús es humano, pero también es Dios. Recuerdo de pequeño cuando escuchaba esto siempre me confundía y no entendía cómo era posible después lo asimile a la película animada de *Disney*, *Hércules*. Lo imaginaba como *Hércules*, pero Hércules es un semi-dios, Jesús es un Dios humano. Es decir que es 100% hombre y 100% Dios, no es 50% hombre y 50% Dios. Él no limitaba su divinidad por su humanidad ni su humanidad por su divinidad. Simplemente era. Puede que no logres comprender esto y está bien si no lo entiendes del todo porque no se trata de conocer la anatomía o Su nivel espiritual sino de reconocer que Él era Dios. Dios decidió tomar forma de hombre y mostrarnos un ejemplo perfecto de lo que esperaba de nosotros.

Jesús aparte de ser humano y Dios también era descendiente de grandes profetas. Podríamos decir que era descendiente de famosos de la fe como Abraham (si al que le fue prometido una incontable descendencia), Jacob, Rut, David, entre otros. Era parte del pueblo judío y vivía junto con su familia en Nazaret. Probablemente pensarías que el hijo de Dios viviría en un palacio.

Te aseguro que el pueblo de Israel no esperaba a un salvador como Jesús. El pueblo judío tenía una expectativa diferente del salvador del mundo es por eso que cuando llegó muchos no lo reconocieron. Sorprendió al mundo entero y en específico al pueblo escogido, Israel.

Existen algunos puntos importantes que debemos de notar antes que continuemos con la historia de mayor inversionista en la humanidad. Primeramente, el poder de Dios no siempre se encuentra en las luces, en lo dramático o en lo extraordinario. Hay ocasiones en las que se presenta en las cosas más sencillas y pequeñas. Hay oportunidades en las que podemos encontrar a Jesús en una simple lectura, canción u oración.

Jesús nos demostró que dentro de lo pequeño puede existir un propósito mayor. Si no lo has visto presente en tu vida tal vez es porque has buscado en los lugares incorrectos. Quieres que solucione tu vida en un instante, pero tal vez debes empezar cambiando algo que tu piensas que es pequeño cómo tu lenguaje o tal vez quieres ver un milagro sobre alguna enfermedad, pero no buscas lo pequeño cómo leer tu biblia. Esos milagros tarde o temprano se pueden cumplir pero aprovecha tu tiempo y acumula pequeños milagros hasta llegar a lo grande. Existen momentos en que debemos de buscar a Dios en los detalles y no en lo dramático.

En aquellos tiempos Roma era uno de los más grandes imperios y de ahí salían los más grandes guerreros. Todos tenían los ojos puestos en el poder del rey de Roma, pero el verdadero rey no se encontraba en una ciudad dramática o llena de entretenimiento o poder político o en una ciudad con gran poder religioso. No, el verdadero Rey se encontraba en un pequeño pueblo llamado Nazaret. Tal vez has buscado al guerrero del mundo en Roma en vez de Nazaret. Empieza a ver a Jesús en lo pequeño en vez de querer forzarlo a lo dramático.

11 "El Señor le ordenó: —Sal y preséntate ante mí en la montaña, porque estoy a punto de pasar por allí. Como heraldo del Señor vino un viento recio, tan violento que partió las montañas e hizo añicos las rocas; pero el Señor no estaba en el viento. Después del viento hubo un terremoto, pero el Señor tampoco estaba en el terremoto. Tras el terremoto vino un fuego, pero el Señor tampoco estaba en el fuego. Y después del fuego vino un suave murmullo. Cuando Elías lo oyó, se cubrió el rostro con el manto y, saliendo, se puso a la entrada de la cueva. Entonces oyó una voz que le dijo: —¿Qué haces aquí, Elías?"

1 Reyes 19:11-13

Segundo, Jesús nos demostró la importancia de la familia, fácilmente pudo haber sido apartado desde su nacimiento y ser formado en un templo o tal vez ser abandonado por María en el desierto pero no, creció en una familia. Dios ama a la familia es por eso que envió a su Hijo a una. Todos necesitamos de una familia. Tal vez nunca hayas tenido una familia de sangre o un concepto correcto de familia en tu vida, pero Jesús puede arreglar eso.

Jesús vino a demostrarnos que la familia es un concepto que Dios promueve y que desea en tu vida. No solo nos demostró que tener una familia es lo correcto sino también nos abrió la puerta para ser parte de la Suya. Yo amo a la mía y Dios me puso en la mejor *tribu* que existe, amo a mis hermanos y a mis padres. Estoy agradecido y honrado por ser parte de su familia, pero también he tenido la oportunidad de ser aceptado en otras (*Nota aparte: gracias a todos los que me han adoptado de vez en cuando para darle vacaciones a mi familia*). Es hermoso cuando eres aceptado y amado por otra familia. Puede ser que tu caso sea diferente al mío y nunca has tenido ese sentido de pertenencia con aquellos más cercanos a ti. Él quiere recordarte que eres parte de la Suya. Eres linaje escogido, Dios firmó el certificado de adopción por medio de su Hijo.

Y por último, nos demostró que tenemos un propósito. Fue enviado por Dios a salvar al mundo. Su propósito se logró después de treinta y tres años en la tierra y sigue trascendiendo. El propósito de tu vida no se cumplirá en un segundo sino se irá desarrollando conforme tu caminar con Dios.

El camino del Salvador

Continuando con la historia, Jesús a los treinta años inicia una misión de tres años que valdría toda una eternidad. Lo primero que vemos al iniciar su viaje es la confirmación de que es hijo de Dios. Es bautizado no porque necesitaba ser limpiado de pecado (ya que es completamente puro) sino para darnos un perfecto ejemplo.

16 "Tan pronto como Jesús fue bautizado, subió del agua. En ese momento se abrió el cielo, y él vio al Espíritu de Dios bajar como una paloma y posarse sobre él. Y una voz del cielo decía: «Este es mi Hijo amado; estoy muy complacido con él»."

Mateo 3:16-17

Después de bautizarse, inició Su reclutamiento. ¿Recuerdas cuando de niño jugabas con tus amigos y se dividían en dos capitanes que escogían su equipo? No había nada peor que ser escogido al último, era algo humillante y triste para uno. Con Él no es así, que seas el mejor o peor en algo no te descalifica del equipo del Rey. Al contrario, te hace la invitación para que cualquiera se una a su equipo sin importar lo que hayas hecho, tu color, género o pasado. El mensaje de Jesús es para todos.

Él no se privó de relacionarse e invitó a gente a seguirlo. Tal fue el caso de Simón y Andrés.

19 "«Vengan, síganme —les dijo Jesús—, y los haré pescadores de hombres»."

Mateo 4:19

Jesús nunca te va a dejar al último. Él te invita a seguirlo y a que creas en Su sacrificio. Él te incluye en su propósito de salvar al mundo.

Mientras enseñaba por diferentes regiones del mundo, gente lo comenzaba a seguir y a creer en el mensaje de vida que impartía. Por tres años predicó y realizó una gran cantidad de milagros junto a sus discípulos. Tuvo un círculo íntimo de seguidores, los doce discípulos. Los discípulos eran fieles seguidores que no sólo creían en lo que decía o hacía, sino lo obedecían y buscaban aprender todo lo que podían de Él. Hay una gran diferencia entre ser un creyente y un discípulo.

Hay mucha gente que cree en Jesús más no lo sigue simplemente lo tiene en espera hasta que algo catastrófico pase. Luego está la gente que busca ser un discípulo. Son aquellas personas que vemos haciendo algo por la ciudad, que ayudan al necesitado y que le dan esperanza al afligido. No es algo que simplemente se aprende de la noche de la mañana sino es algo que Él genuinamente enseño.

Para ser un discípulo requiere más que sólo creer, requiere que actúes y que aprendas de Jesús todos los días.

Jesús nunca se quedó quieto desperdiciando su tiempo sino todo lo que hacía tenía un mayor propósito ya sea enseñar, orar o descansar. Un discípulo siempre producirá un fruto, pero previo al fruto requiere que se actúe sembrando.

Mientras sus discípulos lo seguían veían cosas extraordinarias. Los discípulos aprendieron a ver el poder de Jesús. Existen diferentes milagros que podemos encontrar en la Biblia de la vida del hombre más poderoso de toda la historia. Dentro de este capítulo vamos a hablar de tres milagros en específicos que realizó y cómo conectan con nuestro corazón.

Sana Tu Corazón

Jesús comenzó a hacer milagros en distintos lugares. Gente enferma se le acercaba y era sanada. En muchas ocasiones fueron sanadas por un simple toque otras veces simplemente por sus palabras. Personas que se acercaban a Él eran completamente sanadas.

En una ocasión se encontraba en una ciudad conocida como *Capernaum*, una gran multitud se reunió alrededor de Él para escuchar de su sabiduría, para sanar o para ver quién era el famoso Jesús del cual todos estaban hablando. Estaba completamente rodeado, por ende mucha gente se quedó afuera sin poder escuchar. Había un paralítico que tenía cuatro amigos que creían que Jesús lo podía sanar. Tanta fue la fe de sus amigos que cargaron al paralítico, hicieron un agujero en el techo para poder entrar a la casa y lo llevaron ante Jesús. Amistades como estas son de admirar, que hacen todo lo posible por acercarte al sanador de corazones.

5 Al ver Jesús la fe de ellos, le dijo al paralítico:

—Hijo, tus pecados quedan perdonados.

Marcos 2:5

Es curioso como Jesús en vez de iniciar diciendo "párate y anda" empieza perdonando sus pecados. El hombre iba buscando sanidad física, pero el Sanador no iba a realizar una sanidad temporal sino una sanidad completa. Él restaura completamente, no parcialmente es por eso que fue directo a la raíz y sanó del pecado al paralítico.

11 A ti te digo, levántate, toma tu camilla y vete a tu casa.

12 Él se levantó, tomó su camilla en seguida y salió caminando a la vista de todos. Ellos se quedaron asombrados y comenzaron a alabar a Dios.

—Jamás habíamos visto cosa igual —decían.

Marcos 11:11-12

Después de perdonar sus pecados ocurrió el milagro físico, el paralítico se puso de pie y salió caminando. Lo primero que ofrece Jesús cuando te acercas a Él es sanidad. No importa tu condición o que hayas hecho en tu pasado. Por medio de Él puedes ser sanado. Jesús sana tu alma entera.

Tendemos a ver a los milagros más importantes de Jesús como los de restauración física, pero el milagro más poderoso fue el de limpiarnos de nuestro pecado. Restaurar nuestro corazón al diseño original. Realizó la mejor actualización por medio de su sacrificio. Nos dio la oportunidad de reconfigurar nuestro dañado corazón. En pocas palabras, realizó la última y única actualización para nuestra alma. Jesús hizo un *iOs Eterno*.

¿Qué se encuentra paralizado en tu corazón? Puede ser que tu área íntima con Dios se encuentre actualmente paralizada, tus sueños, las relación con tus amigos, etcétera. Él quiere que te levantes y camines. Si estás en estado de parálisis lo único que requieres en tu vida es a Jesús para andar. Quizás tus sueños no se han cumplido por la falta del Salvador en ellos o quizás no ves un progreso en la relación con tus amigos por la falta de Jesús en ti. Lo primero que Él hace es sanar las heridas que tu corazón carga.

A Jesús no le importa la gravedad de tu corazón, lo que le importa es qué tan dispuesto estás para creerle. He tenido el privilegio de ver una gran cantidad de milagros en mi vida y de todo tipo, pero el milagro más grande que he visto en mi vida es que limpió mi corazón de todo pecado.

17 Al oírlos, Jesús les contestó: —No son los sanos los que necesitan médico, sino los enfermos. Y yo no he venido a llamar a justos, sino a pecadores."

Marcos 2:17

Calma en la tormenta

Nunca me he subido a un barco. Bueno, cuando era muy chico llegué a subirme a uno, pero la verdad no tengo memoria de dicho suceso. El punto es que no sé cómo se sentiría estar en una tormenta dentro de un barco aunque sí recuerdo la primera vez que viaje sólo.

Eran vacaciones e iba en camino a *Guadalajara* a apoyar la nueva sede de mi iglesia. La verdad estaba nervioso porque nunca había viajado sólo. Todo iba bien hasta que despegó el avión. No le tengo miedo a viajar, ya había viajado previamente aunque había viajado con mi familia. Entonces sí tenía pocos nervios. El hecho de estar solo y el terrible despegue me empezó a provocar un poco de temor, pero no terminó ahí porque estaba lloviendo y esa turbulencia sacó lo más cristiano en mí. Empecé a orar para que Dios trajera paz a mi vida y que llegará lo más pronto posible a tierra (con vida por supuesto).

Los discípulos no se encontraban en un avión, pero en una barca en medio de una intensa tormenta. Rápidamente quiero aclarar que hace más de dos mil años los barcos no tenían la seguridad que tienen ahora en día, eran barcos mucho más frágiles y difíciles de controlar.

Lo último que quieres hacer cuando tu barco está siendo invadido por agua y sacudido por olas gigantes es dormir. ¿Qué estaba haciendo Jesús? Exactamente eso. Los discípulos estaban terriblemente asustados y hacían todo lo posible por mantenerse vivos. Me los imagino con cubetas haciendo todo el esfuerzo posible para sacar el agua de su bote, otros simplemente agarrándose de lo que sea con tal de mantenerse en el barco y otros petrificados rogando a Dios por su vida. Hasta que se acordaron que Jesús se encontraba en su barco. En cuanto recordaron se fueron a despertarlo.

38 Jesús, mientras tanto, estaba en la popa, durmiendo sobre un cabezal, así que los discípulos lo despertaron.

—*¡Maestro! —gritaron—, ¿no te importa que nos ahoguemos?*

Marcos 4:38

¿Alguna vez te has sentido como que no le importas a Dios? Si es así quiero decirte que estás equivocado. Los discípulos desesperadamente despertaron a Jesús para que los salvará. Hizo lo que ellos pidieron, pero no de la manera que ellos esperaban.

39 Él se levantó, reprendió al viento y ordenó al mar:

—*¡Silencio! ¡Cálmate!*

El viento se calmó y todo quedó completamente tranquilo.

40 —¿Por qué tienen tanto miedo? —dijo a sus discípulos—. ¿Todavía no tienen fe?

Marcos 4:39-40

Jesús no sólo los salvó sino también los confronto. ¿Todavía no tienen fe? Esas fueron las palabras exactas que les dijo y son palabras que Jesús nos pregunta a nosotros. ¿Qué tan grande es tu fe?

Puede que no vengan tormentas literales a tu vida pero, ¿qué tal una tormenta de inseguridad? Ten fe y cree que hay alguien que bajó de la tierra para demostrar su amor por ti. No te mando un mensaje de texto diciéndote te amo o se escondió detrás de alguien más por miedo a demostrarte su amor sino bajo del cielo (literalmente) a decirte te amo por medio de una cruz.

Cuando entendemos quién es Jesús es cuando entendemos el poder que tiene de calmar nuestras tormentas. Él le pone un gran alto a las tormentas en tu vida y trae paz a tu corazón.

Cuando vives una vida llena de fe te mantienes calmado cuando llegan las tormentas. ¿Por qué? Porqué estás seguro de quien va en tu barco, navegando tu vida y dirigiendo tu destino.

Debemos aprender a manejar las tormentas que vienen a nuestras vidas. Hay una gran variedad de tormentas que podemos llegar a enfrentar como seres humanos ya sea: tentación sexual, enojo/rencor, depresión, bullying, duda, etcétera. La paz que trae Jesús a nuestras vidas durante una tormenta es inexplicable, pero requiere que creas en Él para que primeramente te sane y después te demuestre lo que en verdad es vivir una vida calmando tormentas. Dios no te promete que no habrá tormentas en tu vida, pero si te promete el poder para terminarlas. Ese poder se llama Jesús.

Cinco Panes y Dos Pescados

El tercer milagro ocurrió con una gran multitud. Espectadores sobraban. Es una historia que ha marcado mucho mi vida y me ha hecho comprender de una mejor manera lo importante e impactante que es Jesús. En el sexto capítulo de Marcos encontramos una historia en donde alimenta a miles

(Wow, impresionante Alan, pero eso ya lo hacen desayunadores en las ciudades). Jesús alimentó a cinco mil familias con tan solo cinco panes y dos pescados.

Jesús es un multiplicador. Siempre que entre a tu vida verás este factor de multiplicación. Es algo que a veces no comprendemos del todo. Decidimos seguirlo y en vez de ver multiplicación en nuestras vidas empezamos a ver restas. Empezamos a perder amistades, somos criticados o incluso atacados. A nuestro punto de vista seguir a Jesús no siempre se trata de multiplicación, pero estamos equivocados. Él siempre multiplica.

Primeramente quiero que entiendas este concepto de multiplicar. Probablemente ya sepas que es matemáticamente multiplicar aunque no seas fanático o no sean de tu agrado las matemáticas (conozca ha bastante gente que aborrecen las matemáticas, algunos ni se saben las tablas, pero eso ya es para otro libro). Uno por uno es uno, dos por dos es cuatro, cinco por cinco es veinticinco, etcétera. Para multiplicar requieres de dos números. Para Jesús esos dos números son tu fe y tú. Jesús es el símbolo, sin Él no se puede dar la multiplicación.

Entonces, Jesús y sus discípulos se encontraban en un desierto. Detrás de ellos venía una gran multitud con necesidad de saber más de quién y qué hacía tanto *"ruido"* en el mundo. Transcurre el tiempo y se empieza a hacer tarde. Estaban todos en un lugar apartado, sin un *McDonalds* a la vista o datos celulares y con uno de los peores síntomas del mundo, hambre. Los discípulos se dieron cuenta de esto y pensaron en acortar el espectáculo. Era tiempo de que se fuera. Sin embargo, el plan de Multiplicador no era marcharse.

35 Cuando ya se hizo tarde, se le acercaron sus discípulos y le dijeron:

—Este es un lugar apartado y ya es muy tarde. 36 Despide a la gente, para que vayan a los campos y pueblos cercanos y se compren algo de comer.

37 —Denles ustedes mismos de comer —contestó Jesús.

—¡Eso costaría casi un año de trabajo! —objetaron—. ¿Quieres que vayamos y gastemos todo ese dinero en pan para darles de comer?

Marcos 6:35-37

Los discípulos seguían sin entender el poder de Jesús pero Él fue paciente con ellos y les enseñó más de lo que podía hacer. Jesús sana, trae paz y también produce. Jesús les quería demostrar no solo a los discípulos sino a una multitud entera que la verdadera fuente de multiplicación se encuentra en Él. Les enseña no mediante un lenguaje complicado, sino de modo práctico del cómo multiplicar sino mediante actos.

Lo primero que tuvieron que hacer los discípulos para llegar al resultado de la multiplicación fue acercarse a Él. Literalmente dice que cuando se estaba haciendo tarde *"se le acercaron"* es decir los discípulos fueron intencionales en buscar a Jesús. Ellos le presentaron el problema de que se estaba haciendo muy tarde y le ofrecieron la solución humana de despedir a la gente. Jesús hizo algo mejor, les dio su solución.

Recuerdo numerosas ocasiones en las que he buscado a Jesús como los discípulos esa vez. Llego ante Él, le digo mi problema y mi posible solución. *"Jesús, en mi escuela me criticaran si hablo de ti. ¿Qué opinas si solo hablo de ti en la iglesia?"* o *"Jesús, me gusta una chica de la iglesia. ¿Qué te parece si le digo aunque aún no tenga la madurez y después de que le diga la empiezo a conocer cómo amiga?"*. Hay un sin fin de oraciones que hacemos intentado forzar a Dios a que haga lo que nosotros queremos, pero Él siempre tiene un mejor plan.

38 —¿Cuántos panes tienen ustedes? —preguntó—. Vayan a ver.

Después de averiguarlo, le dijeron:

—Cinco, y dos pescados.

Marcos 6:38

Lo segundo que hicieron los discípulos fue escuchar lo que Jesús les preguntó. Nuestras oraciones no funcionan si nos basamos solo en lo que nosotros decimos. Nos deberíamos de basar en lo que Dios nos contesta ya sea por medio de la Biblia que es por donde principalmente Dios habla o por nuestros padres, líderes o cualquier otro medio que Dios utilice. Para identificar la voz de Dios tenemos que entender primero su lenguaje es decir leer la biblia y así conoceremos su manera básica de pensar. Jesús muchas veces te va a mandar a averiguar qué tienes. No es porque Él no sepa sino porque quiera demostrarte con lo que Él puede trabajar.

Jesús puede trabajar con la más mínima fe. Los discípulos averiguaron la cantidad de comida que tenían y era muy poca. Puedes estar pensando que lo que tú tienes es demasiado poco para Dios, pero Dios es multiplicación y Él puede convertir lo más pequeño en algo enorme.

Lo tercero que hizo Jesús fue recibir lo que tenían. Él es un caballero y no multiplicara lo que no estás dispuesto a darle. Quieres tener amistades que te edifiquen tal vez tengas que darle tus amistades actuales. Cuando yo dejé a ciertas amistades no fue porque les guardaba un rencor sino porque sabía que no estaban siendo buena influencia para mí. Tuve fe de que Dios me daría mejores amistades y así fue. ¿Qué cosas tienes que entregarle a Dios para que empiece a multiplicar en tu corazón?

41 Jesús tomó los cinco panes y los dos pescados y, mirando al cielo, los bendijo. Luego partió los panes y se los dio a los discípulos para que se los repartieran a la gente. También repartió los dos pescados entre todos. 42 Comieron todos hasta quedar satisfechos, 43 y los discípulos recogieron doce canastas llenas de pedazos de pan y de pescado. 44 Los que comieron fueron cinco mil.

Marcos 6:41-44

La cuarta cosa es que bendice. Dios está dispuesto a bendecirte. Después de que soltamos y le entregamos lo que tenemos recibimos la bendición. Cuando mi sobrina tenía unos tres años solía siempre antes de salir de la casa de su abuela ir por su bendición. Literalmente iba con su abuela y esperaba a que la bendijera para irse. Era algo muy tierno, pero que me dejó una gran lección. Como hijos de Dios y fieles creyentes en el siempre debemos de buscar su bendición. Se escucha obvio, pero es algo que fácilmente tendemos a olvidar. ¿Qué tanto agradeces a Dios y le pides que te bendiga cuando despiertas?

Jesús tomó los panes, los partió y los bendijo. Cuando tú le entregas tu corazón a Jesús, Él lo bendice. El pan tiende a ser una representación del cuerpo de Jesús en la Biblia y el partirlo una representación de su sacrificio. Para que el ciclo de multiplicación se cumpla debemos de creer en su sacrificio, debemos de creer en la compra de la humanidad. Él está esperando a que le des un segundo de tu vida.

Algo muy importante que me gustaría remarcar antes de entrar al último punto de esta historia. El sacrificio de una persona al entregar los panes y pescados fue la bendición para miles de personas. El sacrificio que hagas tú puede ser de bendición para una nación entera. No dudes en entregar tu vida a Jesús porque te aseguro que Él la utilizará para bendecir a miles. La bendición no es algo que muchas veces llegue al instante. Por ejemplo, te aseguro que hubo gente que tuvo que esperar más que otra para que llegara la canasta de comida a sus manos. Igual puede ser nuestro caso. A lo mejor la canasta no llegue cuando deseamos, pero tarde o temprano llegará. Si cumples con los cuatro pasos te aseguro que Jesús bendecirá tu vida al debido tiempo.

Y por último, repite. Cuando leí este milagro por primera vez me enamore de la manera en que Dios nos bendice. Lo leí un día y al siguiente día lo volví a leer pero dos capítulos adelante. En el libro de marcos me encontré con casi la idéntica historia en dos capítulos diferentes. La verdad me incomodo eso. No me malinterpretes no tengo nada en contra del milagro simplemente no entendía porque venía dos veces. En la Biblia hay varias historias que se repiten, pero normalmente ocurren en libros distintos escritos de perspectivas distintas, pero esta historia venía en el mismo libro y ni siquiera con muchos capítulos de diferencia. Lo que Dios me revelo en mi vida fue lo siguiente. Dios repite sus multiplicaciones. En Marcos 6 vemos cómo alimenta a cinco mil y en Marcos 8 cómo alimenta a cuatro mil. Prácticamente es la misma historia con pequeñas diferencias de cantidades. ¿Por qué? Porque Jesús nunca va a dejar de repetir la multiplicación sobre tu vida.

Jesús sana, pacífica y multiplica cuando entra a tu vida. Su poder es incomparable. La única cosa que se le puede comparar a su poder, es su amor por ti. Él hizo y sigue haciendo esos milagros en la vida de miles personas pero Su historia no termina ahí. Es tiempo de que descubras cómo terminó la mejor compra de la historia.

<u>Comprando la humanidad</u>

Después de tantos milagros y enseñanzas llegamos al clímax de la historia de Jesús. La vez que murió. Estoy seguro que a este punto del libro ya tienes una mayor idea de quién es el rescatista de la humanidad. Sí, es el Hijo de Dios, es uno solo con el Padre y el Espíritu Santo. Es una persona llena de poder y llegó a la tierra con el propósito de demostrarte que le importas (si tú el que está leyendo esto). El interés de Jesús por ti siempre fue personal.

En Marcos 14 empieza el arresto de Jesús. Los religiosos (también conocidos como fariseos) tenían un gran odio hacia lo que predicaba y lo que hacía. Ellos daban una falsa apariencia y promovían la religiosidad cuando Dios buscaba una relación. Jesús demostraba al Dios verdadero el cual estaba basado en amor, justicia y gracia mientras que los fariseos promovían a un dios falso y castigador.

Judas uno de los doce discípulos vendió su ubicación y lo entregó ante los jefes de los sacerdotes es decir los religiosos. Los religiosos llenos de maldad acusaron a Jesús de falso profeta, blasfemo, violento y otros falsos cargos. Esto desató un gran conflicto político entre los religiosos y los romanos. Detrás de todo el escándalo se encontraba el odio hacia Jesús y el amor de Jesús por la humanidad.

Era una falsa doctrina contra el Dios viviente. El pecado de la humanidad contra el Hijo de Dios. Si lo ponemos en una balanza sabemos quién claramente tenía más poder. ¡Jesús por supuesto! Estoy seguro que fácilmente pudo haber aniquilado a los religiosos, pero su misión no era esa. El Hijo de Dios nunca utilizó su divinidad más que para sanar y defender, nunca para atacar. Él sabía su misión y no era triunfar ante religiosos sino pagar la deuda de la humanidad. Es decir pagar el precio debido, la muerte.

La humanidad debía pagar su deuda es decir morir. Jesús, cumpliendo con cada aspecto de la ley era completamente puro por ende Él podía entrar al paraíso, pero no podía llevar a la humanidad consigo mismo hasta recuperar de la muerte las llaves que se le fueron entregadas por Adán (la peor venta de la historia). Es decir que debía de morir alguien que estuviera a medida del precio de la deuda. Debía de morir alguien completamente puro para que la humanidad recuperara la vida eterna en presencia de Dios.

Normalmente uno no piensa que merece la muerte incluso podemos llegar a creer si existió un Jesús, pero no entender porque murió. Desde nuestro nacimiento traemos una marca de pecado. En el inicio de la historia en Génesis podemos ver cómo la humanidad cayó y fue corrompida por el pecado. Es decir, que desde nacemos somos esclavos del pecado. Tenemos una naturaleza pecaminosa. Sin embargo, no somos llamados al destino del pecado, es decir, la muerte. La completa separación de Dios.

Las mentiras, los robos, la inmoralidad sexual y todo lo que contamina nuestro ser es producto de nuestra naturaleza pecaminosa. Antes de Cristo la ley de Moisés guiaba a uno a la salvación, pero nadie la podía cumplir ya que se requería ser una persona completamente pura y libre de pecado. Tal vez tu no pediste que lo crucificaran pero si no hubiera sido crucificado él tú te hubieras perdido de una eternidad con el Padre. Él te dio un regalo inmerecido, es decir gracia, para que lo aceptaras. Él te da la oportunidad de ser aceptado a los ojos de Dios.

23 Porque la paga del pecado es muerte, mientras que la dádiva de Dios es vida eterna en Cristo Jesús, nuestro Señor.

Romanos 6:23

La única persona que cumplía los requisitos era Jesús y no se acobardó sino firmó el contrato de la muerte por nosotros. Un Dios hecho humano arriesgo todo por nosotros. Mi mente muchas veces aún no logra comprenderlo, pero fue por su inmenso amor que lo hizo. La compra más cara fue basada en amor.

Jesús entonces fue condenado a muerte por el rey Pilato por satisfacer los deseos de la multitud de religiosos. Fue condenado a morir de la manera más humillante, crucificado. Sin objeción alguna fue torturado con una corona de espinas, golpeado con una caña, escupido y hecho objeto de burla. La tortura que sufrió fue inmensa sin embargo lo soporto hasta la última gota de sangre. Fue clavado en una cruz con un letrero por encima que decía *"Rey de los judíos"*.

31 De la misma manera se burlaban de él los jefes de los sacerdotes junto con los maestros de la ley.

—Salvó a otros —decían—, ¡pero no puede salvarse a sí mismo! 32 Que baje ahora de la cruz ese Cristo, el rey de Israel, para que veamos y creamos.

También lo insultaban los que estaban crucificados con él.

Marcos 15:31

El dolor y la humillación de Jesús era incoherente al poder que había demostrado, pero todo lo hizo por ti. Al mediodía gritó sus últimas palabras y falleció. Imagínate lo que pensaban sus discípulos, caminaron con Él tres años y en el momento que fue arrestado huyeron llenos de miedo, pero probablemente con una muy pequeña esperanza de que de alguna manera se escaparía de Su muerte. Ellos aún no comprendían lo que Él estaba haciendo. Llegó el tiempo en que lo sepultaron y pasó el primer día de muerto. Pasó otro día y Él seguía muerto. El tercer día llegó y Su tumba fue encontrada vacía.

¡Jesús resucitó al tercer día! No sólo resucitó sino realizo la compra de la humanidad cumplió con la cláusula de la muerte, bajó al infierno y le arrebató las llaves del paraíso a Satanás. El Rey de los cielos venció al príncipe de las tinieblas con su propia espada. Tal y como David le cortó la cabeza a Goliat con su propia espada igual Jesús le cortó la cabeza a la serpiente con su propia espada, la muerte. Su muerte nos demostró una parte de su incomparable poder.

La mejor compra de la historia sucedió gracias a Jesús, nuestro boleto al paraíso ahora está garantizado por Él. Lo único que se requiere para ser salvo ahora es creer y declarar su amor por nosotros.

10 Porque con el corazón se cree para ser justificado, pero con la boca se confiesa para ser salvo.

Romanos 10:10

3 "¡Alabado sea Dios, Padre de nuestro Señor Jesucristo! Por su gran misericordia, nos ha hecho nacer de nuevo mediante la resurrección de Jesucristo, para que tengamos una esperanza viva 4 y recibamos una herencia indestructible, incontaminada e inmarchitable. Tal herencia está reservada en el cielo para ustedes,"

1 Pedro 1:3-4

18 "Porque Cristo murió por los pecados una vez por todas, el justo por los injustos, a fin de llevarlos a ustedes a Dios. Él sufrió la muerte en su cuerpo, pero el Espíritu hizo que volviera a la vida."

1 Pedro 3:18

No esperes hasta que no encuentres una salida o estés en un momento de desesperación para seguir a Jesús. Empieza desde ahora a entregarle tu corazón, Él pagó todo por comprarlo. Tomó las llaves y se aseguró de invitar a todos a la fiesta de la vida eterna simplemente debemos de decir que vamos con Él. Nunca es tarde para aceptar Su sacrificio por nosotros, entre más pronto mejor es para ti. Haz tuya la vida eterna por medio de Él mediador. Podría continuar escribiendo y motivándote para que lo hagas, pero al final la decisión siempre va a caer sobre ti. ¡Busca a Jesús! Abre una Biblia y empieza a leerla (puedes empezar leyendo Juan), busca una iglesia cerca de ti, descarga el app de la Biblia, ora en tu cuarto, pero no te quedes sin la oportunidad de conocer al salvador del mundo.

No importa que te haya empujado hacia abajo en la vida, solamente existe una razón para levantarte y es para ser parte de la familia del Rey. El único que puede poner tu corazón en orden es Jesús.

14 pero el que beba del agua que yo le daré no volverá a tener sed jamás, sino que dentro de él esa agua se convertirá en un manantial del que brotará vida eterna.

Juan 4:14

Toda la historia de Jesús y su vida en la tierra la puedes encontrar en los cuatro evangelios: Mateo, Marcos, Lucas y Juan.

CAPÍTULO 5

23 "EXAMÍNAME, OH DIOS, Y SONDEA MI CORAZÓN;
PONME A PRUEBA Y SONDEA MIS PENSAMIENTOS.
24 FÍJATE SI VOY POR MAL CAMINO, Y GUÍAME
POR EL CAMINO ETERNO."
SALMO 139:23-24

Examinando Nuestro Corazón

23 "Examíname, oh Dios, y sondea mi corazón; ponme a prueba y sondea mis pensamientos. 24 Fíjate si voy por mal camino, y guíame por el camino eterno."

Salmo 139:23-24

Dejar que Dios te examine el corazón puede ser complicado y más si te da vergüenza de lo que puede encontrar dentro o incluso por miedo a lo que tú vas a descubrir dentro de ti. Te seré sincero, requiere de valentía y humildad para dejar que Dios obre en tu corazón. Es como cuando un doctor te dice que va a doler un poco antes de que te inyecten y cuando te inyecten el "un poco" se vuelve en mucho. Después de la inyección terminas sano por supuesto.

En este capítulo vamos a identificar lo que ha encarcelado nuestro corazón. A lo que nuestro corazón ha sido vendido y de lo que se requiere para ser librado por la llave que conocimos en el capítulo anterior, Jesús. A diferencia de los demás capítulos este va requerir más de tus palabras que de las mías.

Jesús en nuestro corazón

Primeramente debemos de saber que tan dispuestos estamos a reconocer la etiqueta de Jesús en nuestro corazón. Ya entendimos que pagó el precio por nuestro corazón y que no nos obligará a trabajar con Él al menos que nosotros queramos. Él nos llama a ser sus discípulos, pero nos da la elección de decidir si queremos o no. Podemos reconocer la compra que hizo por nuestros corazones o rechazarla y mantener nuestro corazón en la celda del enemigo. Así que pregúntate:

¿Crees en Jesús?

    _____ Si

    _____ No

¿Por qué?

Si respondiste si iniciamos con el pie derecho. Lo primero que debes hacer es empezar a creer en la historia y el poder de Jesús si no crees en lo que hizo y lo que sigue haciendo no podrás hacer ningún cambio. Para la primera pregunta si solamente pusiste una "*X*" en la palabra "si" entonces escribe también la última vez en que demostraste tu fe en Él ya sea hablando de Él en tu escuela, respondiendo con paz ante una tormenta, obedeciendo a tus padres u otra circunstancia en el espacio vacío debajo de la pregunta. Recuerda que tu fe requiere de hechos y si no se te viene ninguno a la mente puedes recordar la oración que hicimos al principio. El simple hecho que la hayas repetido ya es un acto de qué crees en Él.

¿Sigues a Jesús?

_____ Si

_____ No

Ya que contestaste la primera pregunta si de verdad crees en Jesús ahora es tiempo de que empieces a preguntarte a qué nivel estás siguiendo a Jesús. La completa sanidad al corazón se encuentra en el camino con Jesús, Él restaura tu corazón y te da las herramientas para protegerlo. Analiza bien el nivel en que sigues a Jesús, ¿eres un seguidor de solo un día o lo sigues todos los días?

¿Confías en que sane tu corazón?

_____ Si

_____ No

Estas tres preguntas son fundamentales para conocer lo que verdad hay en nuestro corazón. El único que nos puede demostrar todo lo que en verdad hay dentro es Jesús es por eso que es necesario tener una relación con Él. Si aún no te has acercado a Jesús te invito a que lo hagas y que dejes que te ayude a sacar la mejor versión de ti.

Aprendiendo a limpiar

Gracias a Jesús podemos ponernos un espejo y por medio de Su Espíritu Santo ver nuestras fallas. Gracias a Jesús podemos ser sanos al contestar las siguientes preguntas:

¿Qué o a quién no he perdonado?

_____ Padre.

_____ Madre.

_____ Hermana.

_____ Hermano.

_____ Familiares (Primos, Tíos, Abuelos, etcétera).

_____ Amigo.

_____ Amiga.

_____ Novio (o Ex-novios).

_____ Novia. (o Ex-novias)

_____ Maestros.

_____ Líderes de Iglesia.

_____ Iglesia.

_____ Gobierno.

_____ Autoridades.

_____ Jefes de Trabajo.

Otros:

¿Qué sucesos en mi pasado me lastimaron?

_____ Me abandonó mi padre o madre.

_____ Me abusaron sexualmente.

_____ Me traicionaron mis amistades.

_____ Me hicieron *bullying* en la escuela.

_____ Me corté o lastimé mi físico.

_____ Me dejó mi novio (a).

_____ Me permití pensamientos homosexuales.

_____ Me permití pensamientos suicidas.

_____ Me hice adicto a una sustancia.

_____ Tuve relaciones sexuales.

_____ Mis padres o familiares siempre estuvieron fuera de casa.

_____ No tuve amistades.

_____ Estar siempre enfermo (a)

_____ Ver Pornografía

_____ Se burlaron de mi físico.

_____ Me decepcionó una autoridad espiritual.

_____ Me implementaron una mentalidad poca soñadora.

Otros:

Esta lista puede ser extremadamente larga dado que vivimos en una generación extremadamente sensible. En la actualidad es tan fácil caer en la lista negra de alguien. Cualquier detalle ofende a otra persona y no es algo que se da simplemente porque sí sino es una consecuencia de la mala administración de nuestro corazón. La gente es fácilmente ofendida porque mantienen su corazón en venta. Es por eso que en este capítulo examinaremos lo que hay dentro de nuestro corazón. Por medio del pago que ya hizo Jesús. Por medio de nuestra fe en Él vamos a curarnos de todo veneno.

El mantener rencor hacia alguien es un veneno fatal para nuestro corazón. Jesús habla de amar a nuestros enemigos y uno no puede amar manteniendo rencor. Perdonar es una de las decisiones más difíciles para el ser humano. Nos cuesta decir perdón y la mayor parte de las veces es porque estamos completamente enfocados en los errores de otras personas en vez de los nuestros. Jesús nos llama a eliminar nuestra mentalidad "*Yo-centrica*" y empezar a perdonar con intención de formar una mentalidad de "*iglesia*". Recuerda la iglesia no es un edificio, somos los seguidores de Jesús.

Escribe todos los sucesos (y a las personas) que no has perdonado. Si ocupas otra hoja en blanco ve por ella porque una purificación se tiene que hacer al cien por ciento. Lo que se te venga a la menta y al corazón escríbelo, no tengas miedo nadie te está viendo más que Dios. No permitas que tu corazón sea atado por cadenas. ¿Ya? Muy bien, ahora lee esa lista que hiciste tres veces. Puede ser doloroso pero recuerda es por tu corazón. Ya que la hayas leído di en voz audible: "Perdono a _____" por y describe el mal que te ocurrió. Lo puedes hacer en la siguiente hoja.

Perdono a:

Ahora repite la siguiente oración:

El día de hoy Padre decido perdonar. Ya no quiero tener un corazón herido lleno de rencor sino quiero seguirte y tener un corazón conforme al tuyo ayúdame a sanar y a cuidar mi corazón del veneno del rencor. Creo en ti Jesús en el sacrificio que hiciste por nosotros y para guiarnos a tu corazón. Me comprometo a ser sincero y abrir mi corazón a ti todos los días de mi vida.

Deja que Dios examine tu corazón todos los días. A veces pensamos que no tenemos nada, pero si no permitimos que Dios vea lo que llevamos dentro todos los días no podremos ser sanos todos los días. Es tu decisión limpiar tu corazón, no te desanimes. Puede que este capítulo sea confrontador, pero te impulsara a una relación plena con Jesús.

14 »Porque, si perdonan a otros sus ofensas, también los perdonará ustedes su Padre celestial.

Mateo 6:14

La segunda pregunta tiene el mismo nivel de importancia que la primera y se lo más descriptivo que puedas.

¿A quién le he entregado mi corazón?

_____ Adicciones (Drogas, Alcohol, etcétera).

_____ Novio (a).

_____ Amistades.

_____ Trabajo.

_____ Relaciones Sexuales.

_____ Aprobación de los demás.

_____ Aprobación de autoridades.

_____ Música.

_____ Vanidad.

_____ Rencor.

_____ Orgullo.

_____ Familia.

_____ Emociones.

_____ Videojuegos.

_____ Redes sociales.

_____ Dios.

_____ Líderes de iglesia.

_____ Servicio de iglesia.

Otros:

Está lista también puede ser larga pero no te avergüences, todos hemos caído en el engaño de entregarle nuestro corazón a la persona o cosa incorrecta. Puede que haya sido a un novio (a) y que te lo regresó en pedazos o a una familia que lo único que hizo fue despreciarte o cualquier otra situación. A lo que sea que le hayas entregado tu corazón quiero decirte que con la ayuda de Jesús puedes reconstruir cada pedazo de lo que fue destruido.

Tal vez este no sea tu caso. Tal vez no veas tu corazón hecho pedazos pero ponte a meditar en verdad las cosas que has permitido en tu vida que no vengan de parte de Dios. Recuerdo cuando me hicieron una pregunta similar. En aquel tiempo mi pastor de jóvenes, *Daniel Osuna* se acercó conmigo y aún recuerdo como insistió para que contestara algo. Según yo no tenía nada que perdonar. Estaba bien, era un chico bueno de iglesia, pero después de una gran perseverancia de Dani (así le decimos) y un poco de cansancio de ser enfadado de mi parte decidí hablar y perdonar a la primera persona que se me viniera a la mente con tal de que me dejara de insistir.

Hoy como Dani lo hizo conmigo lo haré contigo, te insistiré hasta que escribas algo debajo de la pregunta porque después de que accedí a contestar algo descubrí que él tenía toda la razón.

Mi corazón había sido endurecido por la negación de que a nadie le había entregado mi corazón, pero descubrí mi falsedad y perdoné a personas que ni sabía que les guardaba rencor. ¿Cómo sucedió? Simplemente mencioné a las primeras personas que se me vinieron a la mente. Había entregado mi corazón al rencor, al orgullo, a la inseguridad y a una larga lista de cosas que probablemente te imagines (o no si eres muy santo). Así que no dudes y empieza a soltar el temor de lo que Dios puede opinar de ti porque si Dios opina algo de ti es simplemente esto: *"Te amo tanto que me sacrifique y resucité para estar una eternidad contigo."*

Si ya respondiste las dos primeras preguntas quiero aclararte que aún no hemos terminado. Probablemente ya respondiste dos de las preguntas más difíciles pero a continuación vamos a seguir con algunas preguntas que nos ayudarán a filtrar el veneno de nuestro corazón y librarnos de toda esclavitud.

Las siguientes preguntas serán divididas por secciones específicas. Algunas serán más fáciles de contestar que otras, pero procura siempre ser lo más sincero contigo mismo y meditarlas correctamente. No es un examen así que toma el tiempo que desees, siempre y cuando lo hagas con la disposición correcta.

Familia

La familia puede ser un tema complicado para algunos. Hoy más que nunca nos enfrentamos a una crisis de familias disfuncionales. Puede ser que hayas nacido en una familia disfuncional en donde no tienes un padre/madre en casa o tus padres simplemente nunca están en casa o alguna otra situación disfuncional. Ninguna familia es perfecta, no te decepciones. Sin embargo, la familia puede llegar a causarnos un gran vacío en nuestro corazón. Creer que no podemos hacer algo por nuestra familia es un pensamiento mediocre que debemos de quitarnos. Para empezar a limpiar nuestro corazón debemos hacernos las siguientes preguntas sobre la familia:

¿Qué tanto honró a mis padres?

_____ Mucho.

_____ Promedio.

_____ Poco.

_____ Muy poco.

¿Qué es mi familia para mí?

¿Qué hago para mantener unida a mi familia?

_____ Procuró tener una conversación todos los días.

_____ Como junto con mi familia.

_____ Organizó actividades o salidas junto con ellos.

_____ Vamos juntos de vacaciones.

_____ Oro por mi familia.

_____ Los mantengo al tanto de mi vida emocional o social.

_____ Vamos a la iglesia juntos.

Otros:

El concepto de familia ha sido gravemente atacado en los últimos años y cada vez encontramos más casos de familias disfuncionales puede ser que tú seas parte de una, pero Dios tiene un mejor plan para ti y toda tu familia. El primer caso de familia disfuncional lo encontramos en la peor venta de la historia con Adán y Eva. Tienen dos hijos, Caín y Abel. Caín permitió crecer un odio en su corazón que lo llevó a asesinar a su hermano Abel y es exiliado, produciendo la primera familia disfuncional en la historia.

Tal vez has pasado por una situación en la que tu corazón se llena de odio hacia tu familia donde lo último que quieres es pasar tiempo cerca de ella, pero huir no resolverá el problema y definitivamente reaccionar conforme al odio en tu corazón tampoco.

Las tres preguntas de familia tienen un objetivo, borrar tu mentalidad de lo que tu familia hace por ti y empezar a pensar en un corazón dedicado a dar. Muchos problemas que se dan en familias disfuncionales son por falta de comunicación, sinceridad y por una alta demanda de perfección.

No hay padres ni hermanos perfectos. Deja de exigirles a tus padres y empieza a honrarlos sin importar como sean. *"Es que Alan no conoces cómo me tratan mis padres",* yo no pero Dios sí y Él los puso en tu vida para que los honres sin importar como son. Empieza a poner en práctica el valor de familia en tu vida no basado en lo que tú escribiste sino basado en lo que Dios dice que es la familia, una representación de su amor.

Se intencional en abrir tu corazón a tu familia y esfuérzate por formar vínculos de familia. Puedes empezar con algo tan sencillo como tener un día familiar en donde todos almuercen y realicen alguna actividad juntos ya sea ir a un parque de diversiones, ir a caminar por la playa o si tus padres dicen estar demasiado ocupados entonces intenta establecer una simple conversación cada vez que se dé la oportunidad en vez de desperdiciar tu tiempo en tu celular.

31 —Cree en el Señor Jesús; así tú y tu familia serán salvos —le contestaron.

Hechos 16:31

Amigos

Las amistades son un pilar en la generación actual. Son influyentes en la mayor parte de nuestras acciones. Previamente hablamos de cómo el término amigo se ha vuelto en algo tan ligero y malamente filtrado. Debemos de empezar a establecer una mejor calidad de amigo y empezar a buscar las mejores relaciones en nuestras vidas. No te estoy diciendo que busques amigos perfectos porque incluso nosotros mismos no lo somos pero sí que empieces a pensar en lo que tus amigos actuales están sembrando en ti.

¿Qué relaciones son de influencia a mi vida?

_____ Padres.

_____ Amigos.

_____ Hermanos.

_____ Maestros.

_____ Autoridades.

_____ Líderes espirituales.

_____ Familiares (Primos, Tíos, Abuelos, Cuñada (o), etc.).

_____ Novia (o).

_____ Esposa (o)

_____ Artistas famosos.

_____ Jesús.

Ahora en el siguiente espacio vacío se más descriptivo con las personas que pusiste. Si pusiste a amigos describe como tus amigos son de influencia para ti y cómo eso te ayuda. En dado caso que haya una relación que no estaba en la lista previa también escríbela en este espacio.

¿Qué tipo de amigo soy?

_____ Excelente amigo.

_____ Buen amigo.

_____ Amigo promedio.

_____ Mal amigo.

_____ Pésimo amigo.

¿Qué tipo de amistades buscó?

_____ Que me guíen a Jesús.

_____ Que me entretengan.

_____ Que me demuestren amor.

_____ Estén ahí para cuando los necesité.

_____ Sean honestos aun cuando puedo salir lastimado.

_____ Amistades a larga distancia.

_____ Amigos con derechos.

Otros:

Si en tu lista de relaciones de influencia no se encuentra mínimo una persona que refleje a Jesús estás en el círculo de relaciones incorrecta. Procura buscar a alguien ya sea un amigo o algún líder que te dirija en el camino de Jesús.

Si tus amigos se encuentran menospreciando o incluso tú menosprecias a tus amigos estás haciendo algo mal. La verdadera amistad no señala y critica sino guía a una restauración. Un amigo puede fallar, pero siempre buscará pedir perdón y reconciliar el vínculo.

16 "Por eso, confiésense unos a otros sus pecados, y oren unos por otros, para que sean sanados. La oración del justo es poderosa y eficaz."

Santiago 5:16

Dios

Existe la posibilidad de que aún no entiendas lo que eres para Dios y no existe nada de malo en que no comprendas quien es Dios. Hay una probabilidad muy grande de que nunca comprendas a Dios del todo. Yo puedo decir firmemente que no conozco a una sola persona que me pueda decir todo de Dios (a excepción de Jesús y el Espíritu Santo). La duda está diseñada para frenarte, no pares. Aunque exista duda tú permanece y busca conocer más del corazón de Dios.

El objetivo principal de este libro es que conozcas cómo tener un corazón entregado a Él. Quiero motivarte a conocer más del corazón de Dios, pero antes de que hagas eso debes eliminar todo prejuicio que previamente tenías de Él.

5 *"Confía en el Señor de todo corazón, y no en tu propia inteligencia."*

Proverbios 3:5

¿Qué imagen se te fue presentada de Dios?

_____ Un Dios castigador.

_____ Un Dios de rituales.

_____ Un Dios rencoroso.

_____ Un Dios inalcanzable.

_____ Un Dios que te decepciona.

_____ Un Dios mudo.

_____ Un Dios ausente.

_____ Un Dios de religión.

_____ Un Dios de amor.

Otros:

¿Qué le confiaste a Dios que no se cumplió de la manera que esperabas?

_____ Padres.

_____ Amistades.

_____ Hermanos.

_____ Familiares.

_____ Noviazgo / Matrimonio.

_____ Líderes espirituales.

_____ Economía.

_____ Emociones.

_____ Fe.

_____ Justicia.

_____ Escuela / Trabajo.

_____ Autoridades / Gobierno.

_____ Propósito.

Otros:

¿Qué oraste que no cumplió Dios?

_____ Seguridad emocional.

_____ Sanidad sobre un familiar.

_____ Revelación divina.

_____ Unión familiar.

_____ Mejores amistades.

_____ Dirección a un propósito claro.

_____ Restaurar tu corazón al instante de algún rompimiento.

_____ Un trabajo estable.

Otros:

Uno de los errores más comunes que cometemos como humanos es que queremos entender absolutamente todo lo que Dios hace y desde una vez te quiero decir que eso no es posible. Dios no es un dictador o alguien que quiere que lo sigas por alguna costumbre, tradición o religión. Dios está vivo y busca guiarte a conocer cada vez más su corazón por medio de la Biblia. Dios no es una imagen o talismán, tampoco es un genio mágico que está para cumplir lo que se te venga a la mente o un ser divino que solo busca castigar a la humanidad.

No se trata de entender todo lo que Dios hace sino de estar dispuestos a aceptarlo tal y como es. Una vez que aceptamos a Dios estamos aceptando las dos cosas más importantes para nosotros: salvación y amor. El reconocer a Dios en nuestras vidas nos lleva a ser salvos y también a amar.

8 El que no ama no conoce a Dios, porque Dios es amor.

1 Juan 4:8

Cuando conocemos a Dios podemos de verdad demostrar a amor. El amar es una expresión del carácter de Dios. El amar a alguien nos acerca a ser más como Él.

Yo

¿Si te vieras al espejo en este instante qué pensarías? ¿Estarías conforme con lo que ves? Una gran cantidad de jóvenes serían deshonestos al responder esa pregunta y dirían que sí cuando saben muy dentro que la respuesta es no. En alguna etapa de nuestras vidas nos hemos enfrentado ante el problema de que no somos suficientes ni para nosotros mismos.

¿Qué seguridad tengo de mí mismo?

_____ Mucha.

_____ Promedio.

_____ Muy poca.

¿Qué valor me tengo del 1 al 10?

_____ Uno.

_____ Dos.

_____ Tres.

_____ Cuatro.

_____ Cinco.

_____ Seis.

_____ Siete.

_____ Ocho.

_____ Nueve.

_____ Diez.

Puedes estarte enfrentando a graves problemas de inseguridad como yo una vez lo hice. En secundaria me enfrente a una etapa en donde creía que no merecía ser escuchado, en donde quise privarme de expresarme porque pensaba que a nadie le importaba o aislarme por medio de audífonos y música a todo volumen la mayor parte del día. Probablemente el resultado a la segunda pregunta para mí era 5 tal vez el tuyo sea mayor o menor. El resultado previo no es relevante ya que lo que tú eres para Dios está fuera de la escala.

Dios te diseño tal como eres. Él no comete errores en sus diseños. Él te formó desde que estás en el vientre de tu madre y te diseño no para que te quejes de su obra de arte sino para que resplandezcas. David en un salmo lo escribe de la perfecta manera:

14 ¡Te alabo porque soy una creación admirable! ¡Tus obras son maravillosas, y esto lo sé muy bien!

Salmos 139:14

David sabía que el diseñador no hace fallas. El estar llenos de inseguridad es estar inconformes con su creación. El plan de Dios es que entiendas tu identidad y tu genuinidad en Él. Olvida lo que la demás gente o incluso tu familia ha dicho de ti. Tú no careces de belleza, fortaleza emocional, virtudes o cualidades porque Dios las hizo parte de tu programación. Empieza a verte con el valor que te ve Dios y salte de tu prisión de baja autoestima porque eres una creación perfecta para Dios.

Sección Hombres

Está sección es específicamente para hombres así que si eres mujer continúa con la siguiente sección que es específica para mujeres. ¿Sigues leyendo mujer? Alto, basta, detente.

Hombres, las siguientes preguntas requieren de completa honestidad. El primer paso a una hombría verdadera no es lo que normalmente nos dice la gente de que el más hombre es el que tiene los músculos más grandes y una mentalidad de dictador. Tal vez te han puesto ese ejemplo en casa, pero quiero decirte que ser hombre no se trata de eso.

El modelo perfecto de hombre no se trata solo de fuerza sino va más allá de un cuerpo musculoso. El hombre verdadero es cabeza de su familia. Es por eso que el enemigo se ha enfocado tanto en destruir la imagen de hombre en la actualidad.

¿Qué es para mí ser un hombre?

Lo primero que nos debemos de preguntar antes de buscar ser mejores hombres es ver lo que es para nosotros ser un verdadero hombre. Antes de llenar el vaso tenemos que vaciarlo. Sé sincero y anota todo lo que tú crees que se requiere para ser un hombre de verdad.

¿Quién es el perfecto ejemplo de hombre para mi vida?

_____ Padre.

_____ Hermano.

_____ Tío.

_____ Primo.

_____ Personaje ficticio (de alguna película, libro, serie, etcétera).

_____ Abuelo.

_____ Líder espiritual.

_____ Amigo.

_____ Artista.

_____ Político.

_____ Jesús.

_____ Compañero de trabajo.

_____ Personaje bíblico.

_____ Personaje histórico.

Otros:

Hay veces que nos cuesta admitir que tenemos un ejemplo perfecto de hombre en nuestras vidas incluso podemos ser necios y negar que existe tal cosa. La realidad es que muy dentro de nuestros corazones todos tenemos un ejemplo a seguir de hombre. Yo puedo decir que existen varios ejemplos de hombres en mi vida como mi papá, mi hermano mayor, mi pastor o mi pastor de jóvenes. Todos ellos me ayudan a ser mejor como hombre y me dan el ejemplo perfecto de seguir al mejor hombre de toda la historia, Jesús.

¿Qué puedo hacer para ser un mejor hombre?

_____ Amar más o simplemente amar a los demás.

_____ Dejar de mentir.

_____ Ser responsable.

_____ Obedecer.

_____ Honrar.

_____ Dar a otros.

_____ Apoyar en la iglesia local.

_____ Orar.

_____ Emprender.

_____ Demostrar afecto.

_____ Dar gracias.

_____ Ser seguro de mí mismo.

_____ Aceptar que soy hombre.

_____ Diezmar.

_____ Establecer metas.

_____ Apoyar en casa.

_____ Trabajar.

_____ Leer la biblia.

_____ Estudiar.

_____ Servir en mi comunidad.

_____ Dejar de culpar a otros.

Otros:

Anota todas las virtudes o características que creas que debas de formar en tu persona para ser un mejor hombre.

Son tres pasos muy sencillos que debemos de realizar para descubrir la verdadera hombría. Hay libros enteros que se enfocan en lo que es ser un hombre de verdad por lo que seré honesto contigo y te diré que ser hombre requiere de mucho más, pero estas tres preguntas te ayudarán a descubrir los principios de un hombre.

El hombre es guiado por Dios. Lo que escribiste en la primera pregunta fíltralo con la segunda y si cumple con características que van conforme a Jesús entonces vas por buen camino. Si no es así o no estás seguro de ello entonces lo que puedes hacer para ser un mejor hombre es ver el modelo perfecto de hombre, Jesús.

Jesús nos demostró que un hombre de verdad ama a su esposa como Él amó a la iglesia. Puede ser que aún no estés casado, pero eso no significa que no debas amar y respetar. Amar no es entregarte a tus emociones. El amar a los demás implica paciencia, respeto, honra, responsabilidad y sabiduría.

No demuestras amor cuando como hombre descuidas el corazón de una mujer simplemente porque te hace sentir bien. El verdadero amor de un hombre implica protección y si aún no tienes la madurez para unirte y proteger el corazón de una mujer entonces no lo hagas (aún). Empieza a trabajar en tu manera de amar a los demás y hazlo con convicción y no por emoción.

Jesús también nos demostró que un hombre vive temeroso de Dios. Temeroso de Dios no es estar lleno de miedo porque te va a castigar sino implica honra y obediencia hacia a Dios. El principio de la sabiduría es el temor a Dios así que para ser cabezas en nuestras familias debemos empezar buscando la verdadera sabiduría para guiar a nuestras familias a las mejores decisiones.

Y por último, Jesús nos demostró lo que es el verdadero dominio propio. Como les mencione Jesús no actuaba conforme a lo que su carne o emociones le pedían sino conforme a su fundamento en Dios. Ver a una mujer semi desnuda no te hace más hombre al contrario te hace débil a tu carne.

Un verdadero hombre tiene suficiente dominio como para no ver a la mujer semidesnuda no porque tiene una voluntad extremadamente fuerte sino porque conoce sus debilidades y sabe lo que lo tienta. Yo no miro o hablo de mujeres de esa manera porque soy "*marica*" sino porque entendí lo que se requiere para ser un hombre y eso implica una sola mujer para toda la vida. El temor de Dios, amor y dominio propio son indispensables para ser hombres de verdad.

7 Pues Dios no nos ha dado un espíritu de timidez, sino de poder, de amor y de dominio propio.

2 Timoteo 1:7

Mujer, si leíste todo está sección a pesar de que está enfocada en el hombre quiero decirte que esas son tres características fundamentales que debes de buscar en un hombre. No escuches al primero que te diga palabras bonitas sino al que te demuestre un amor semejante al de Jesús. Hombres, ustedes si están leyendo esto de una vez les digo que NO lean la sección de mujeres (por su bien).

Sección Mujeres

Hombres no deberían estar leyendo esta parte del capítulo. Te imploro que continúes leyendo a la siguiente sección aunque entiendo tu curiosidad, pero tu sección ya fue cubierta así que sigue adelante porque está sección definitivamente no es para ti.

Claramente yo no soy mujer es por eso que para esta parte del libro acudí a expertas en el tema entre ellas, una de las líderes más influyentes en mí vida y directora de jóvenes de la iglesia en la que me congrego, *Melissa Ramos*.

La mujer está llena de maravillas y es en cierto aspecto muy diferente al hombre. Aunque en la actualidad encontramos muchas mujeres haciendo la función del hombre debido a la falta de hombres de verdad, pero en fin no hablaremos más de la identidad del hombre sino de la mujer.

La mujer fue creada por Dios para ser la ayuda idónea del hombre. Eso no significa que Dios la hizo para ser su secretaria o asistente. No, el hombre y la mujer están a la par. Ni uno es menor que otro. Dios diseñó a la mujer con un rol específico es por eso que es diferente al hombre en muchos sentidos.

La mujer es la administradora de la familia es por eso que Satanás ha atacado a la mujer para que sea mala administradora de su corazón. Tantas mujeres se han creído las mentiras de que su corazón no es suficiente.

Platicando con una amiga en cuanto a este tema me mencionó algo que se me hizo en cierto aspecto muy interesante. Me dijo: *"Es que la mujer fue formada de la costilla por ende es más sensible."*

Al principio la verdad no entendí sin embargo se me grabó. Una de las funciones de la costilla es proteger los órganos vitales del cuerpo como el corazón. Que una persona se fracturé de las costillas puede ser grave ya que puede a causar una lesión interna si se trata de una ruptura de huesos. La mujer es así de importante en el cuerpo de Cristo. Que las mujeres no sepan su papel o que menosprecien su identidad como mujeres afecta a todo el cuerpo de la humanidad.

Las siguientes tres preguntas son primeramente para que veas tu perspectiva como mujer y segundo para remover toda mentalidad que te ha hecho pensar que como mujer no funcionas.

¿Estás contenta con tu cuerpo?

_____ Si.

_____ No.

Toda mujer en algún punto de su vida probablemente piensa en esta pregunta (todas las mujeres a las que entrevisté me lo confirmaron). La mujer ha sido engañada en cuanto la administración de su identidad. Mujeres se enfocan más en administrar su cuerpo que su corazón.

No busques amor por la aprobación de tu cuerpo. No malinterpretes lo que te estoy diciendo. No digo que descuides tu cuerpo pero tampoco estoy diciendo que te obsesiones por la figura de tu cuerpo. Existe una gran diferencia entre un cuerpo saludable y el modelo de cuerpo de mujer que la sociedad te quiere formar. Eres perfecta tal y como Dios te diseño. No ocupas miles de capas de maquillaje para demostrar lo bella que eres, ni el ombligo más *sexy* del mundo, ni un cabello de todos los colores para que te volteen a ver.

Si un hombre de verdad se va a enamorar de ti no va ser por la cantidad de piel que le enseñas o por la imagen de *Barbie* que le vendes sino por la calidad de tu corazón. Por un corazón rendido a Jesús. Por un corazón que busca ser lleno de la belleza de Cristo y no de la mundo. Jesús murió por esa hermosa mujer que se encuentra leyendo esto (hombres más les vale que no estén leyendo).

Jesús te ama tal y como eres sin capas, sin un físico extremadamente delgado, sin cirugías plásticas, sin pestañas ficticias. No hay problema en que te vistas bien pero no lo hagas por aprobación de los demás. Cuida tu cuerpo, pero no lo hagas para que los demás te vean sino para mantenerte saludable. Agradece por el cuerpo que Dios te dio porque como tú no hay nadie. No hay mejor modelo de ti que tú.

30 Engañoso es el encanto y pasajera la belleza; la mujer que teme al Señor es digna de alabanza.

Proverbios 31:30

¿Estás satisfecha con la manera en que Dios te hizo?

_____ Si

_____ No

Esta pregunta está muy conectada a la primera pregunta, pero aquí no nos referimos tanto a un aspecto meramente físico sino también en cuanto a tu carácter. Puedes ser una mujer muy tímida que menosprecia su valor como mujer por el hecho de que no es extrovertida como otras mujeres o puede que seas una mujer muy extrovertida que se siente menor a los demás por el hecho de que no la toman en serio. No sé tú caso en específico tal vez si estas satisfecha como Dios te hizo o tal vez no. Tal vez crees que Dios se equivocó en hacerte tal alta, pequeña, sensible, iracunda o insegura. Dios no hace diseños imperfectos. Él puso esa personalidad en ti con un propósito puede que aún no lo comprendas pero definitivamente debes intentar descubrirlo.

Conozco mujeres que han pasado por cosas terribles pero han entendido que Dios puede transformar todo para bien incluso cuando fuiste tú misma la que se causó el daño. En lo que va de este libro hemos hablado del vacío que existe en nuestros corazones y en lo importante que es llenarlo con Jesús. La única manera en que estés satisfecha contigo mismo es que empieces a ver el amor que Jesús tiene por ti. Así que empieza a verte a través de los ojos de Jesús. Jesús te mira como una mujer fuerte. Una mujer que es digna porque le entrega su corazón. Una mujer que está tan satisfecha porque

Dios está con ella que se ríe ante cualquier amenaza de inseguridad que se le quiera presentar.

25 Se reviste de fuerza y dignidad, y afronta segura el porvenir.

Proverbios 31:25

¿Te sientes amada? ¿Por qué?

_____ Si

_____ No

Mi padre me ha enseñado una de los principios más importantes de un matrimonio. Aunque aún no me encuentro en un matrimonio, por medio de mis padres puede saber la importancia que hay en hacer sentir amada a una mujer. Incluso el primer hombre en ver una mujer supo esto. Adán en cuanto vio a Eva se inventó uno de los mejores piropos de la historia *"esta sí es hueso de mis huesos y carne de mi carne*". Lo primero que escucho Eva fueron palabras de amor de parte de Adán.

Desgraciadamente en la actualidad hay tantas mujeres sin escuchar esas palabras o que escuchan palabras falsas de amor de hombres que lo único que hacen es jugar con sus sentimientos (mujeres, por parte de la población de verdaderos hombres queremos pedirles perdón). Hay tantas mujeres que son engañadas por palabras de "*placer emocional*" en vez de palabras de "*amor*".

Mujeres, no caigan ante cualquiera que les hable bonito. Establezcan límites y si un hombre en verdad está interesado en ustedes entonces que demuestre su compromiso tal y como Jacob lo hizo con Raquel. Si no le toma trabajo a un hombre relacionarse contigo entonces hay algo mal. Sin embargo, para sentirte amada no ocupas un hombre sino a Dios eso es lo primero y reconocer que te ha hecho sentir como que no eres amada.

Existe una crisis mundial en donde la mujer no se siente amada debido al poco afecto que le dio el primer hombre en su vida, su padre. Tristemente, esto es una realidad. Hay pocos padres que han demostrado el amor por sus hijos y eso deja un gran vacío en sus corazones. Este puede ser tu caso. Puede que nunca hayas recibido un "*te amo*" de parte de tu papá y eso te haya hecho pensar que ningún hombre en la vida te va a amar. También puede haber causado un deseo ardiente por amor de un hombre que te haya llevado a varias decepcionantes relaciones. Incluso puede que ahorita estés en una relación por esto. Ignorar la realidad no va solucionar nada y mucho menos buscar el amor de un padre en otra persona.

Si en verdad quieres sentirte amada tienes que empezar a reconocer el amor del verdadero padre. Lo siento si tu padre te abandonó o si nunca te ha querido como tú deseas, pero un humano incompleto de amor no va a llenar otro humano incompleto de amor. Perdona a tu padre o a esa persona con la cual buscaste que te hiciera sentir amada. Perdona.

Dios te ama. No le digo como una frase religiosa o para hacer sentir bien sino como un sentimiento real de parte de Dios. Cuando no te sientas amada, lee este versículo y recuerda que alguien ya pagó por todo tu corazón.

4 A cambio de ti entregaré hombres; ¡a cambio de tu vida entregaré pueblos! Porque TE AMO y eres ante mis ojos precioso (a) y digno (a) de honra.

Isaías 43:4

Lo mismo que Dios le dijo a Israel te lo dice a ti el día de hoy. Así que no te entristezcas más y repite lo siguiente: *Soy amada, preciosa y digna de honra porque Dios dio todo por mí.*

Preguntas Adicionales

¿Qué me dicen los medios?

La sociedad en la actualidad es bombardeada por distintos medios que moldean nuestra manera de pensar. Algo tan sencillo como ver un comercial en la televisión de una mujer delgada y muy feliz consigo misma después de rociarse de un perfume extremadamente costoso te puede llevar a comprar dicho producto no porque huele rico sino porque el comercial te hizo pensar que un producto te va a producir la mejor experiencia o apariencia.

Los medios nos atacan vendiéndonos experiencias y productos que prometen llenar un vacío que es imposible sin Dios. Tienes que tener cuidado con las llamadas a tu corazón. El único producto si lo quieres ver de esa manera que te puede llenar es el amor de Dios.

¿De qué manera he cuidado mi corazón para mi esposo o esposa?

_____ Protejo mi corazón al no tener relaciones de noviazgo hasta conocer a la persona que tiene como propósito ser mi esposo (a).

_____ Cuido las palabras que digo o me dicen que sé que pueden despertar una pasión en mi vida.

_____ Establezco límites de tiempo cuando conversó con una persona del sexo opuesto por redes sociales.

_____ Oro por mi futuro esposa (a).

_____ Cuido el contacto físico que tengo con el sexo opuesto.

_____ Me aseguro de tener fotografías que no sean provocativas en mis redes sociales.

_____ Tengo amistades saludables con el sexo opuesto.

_____ Cuido la manera en la que habló con una persona del sexo opuesto.

_____ Respeto al sexo opuesto.

_____ Me aseguro de crecer en madurez en todas mis áreas tanto profesionales, económicas como emocionales y espírituales.

Que no estés casado o casada en este momento no significa que en algún punto de tu vida no te vas a casar. Si estás en un noviazgo probablemente ya te estés dirigiendo en esa dirección ya que el noviazgo es previo al matrimonio. Sin importar tu estado civil tarde o temprano vas a conocer a alguien de tu sexo opuesto que te haga sentir mariposas o elefantes. Desgraciadamente muchos jóvenes no se preparan ni esperan para la persona indicada.

Una vez un amigo mío me dijo la siguiente frase: *"Alan, antes de que conozcas a tu media naranja no está mal que pruebes unas cuantas mandarinas"*. El peor de los consejos, lo más importante antes de entrar a una relación con otra persona es que tengas la madurez adecuada en todos los aspectos desde física hasta profesional. Tener un noviazgo antes de eso puede ser catastrófico para tu corazón.

NO vayas por las mandarinas se paciente y enfócate en guardar tu corazón para el momento correcto. Muchos jóvenes entregan su corazón fácilmente y eso los lleva por un camino de dolor y decepción. Imagínate el día de tu boda que tu esposa llegue y te cuente todo lo que espero para conocerte. Todo el tiempo que le llevo guardando su corazón solo para ti, su media naranja y que tú por impaciente no le puedes decir lo mismo ya que el regalo de tu corazón pasó por varias mandarinas.

No tomes el riesgo. Si estás en una relación actualmente analiza el estado de madurez en el que ambos se encuentran y si no es el indicado lleven las cosas tranquilas como amigos hasta que sea el momento. Más vale un corazón bien resguardado que un corazón mal utilizado.

Sanando Nuestro Corazón

Después de contestar todas las preguntas quiero que vuelvas al inicio y las leas. ¿Listo? Si es así entonces piensa en el objetivo que se cumplió con cada pregunta. Si aún no sabes cuál es déjame explicarte. La manera en que sanas tu corazón es soltando toda amargura que te limitaba y reafirmando tu identidad como hijo de Dios.

El enemigo busca engañarte como lo hizo con Adán y Eva. Busca hacerte olvidar tu identidad. Lamentablemente, muchos jóvenes han caído en su engaño y descartan cualquier relación con Dios. Lo hace por medio de mentiras e intentando hacerte dudar de lo que Dios ya dijo de ti. Convierte un Dios te ama en un "*¿Dios en verdad me ama?*"

Jesús nos dio el ejemplo perfecto de cómo blindar nuestro corazón y lo podemos observar en Mateo 4.

3 El tentador se le acercó y le propuso:

—Si eres el Hijo de Dios, ordena a estas piedras que se conviertan en pan.

4 Jesús le respondió:

—Escrito está: "No solo de pan vive el hombre, sino de toda palabra que sale de la boca de Dios".

Mateo 4:3-4

El enemigo intentó hacer dudar a Jesús, pero sabiamente Jesús respondió con lo que Dios ya había decretado. Dios ya te declaró restaurado, sanó, firme y amado.

Deja de poner un signo de interrogación en donde Dios ha puesto un punto final y empieza creer las palabras de Dios sobre tu vida. Cuando Jesús fue tentado Él no dudo en contestar porque conocía a Su Padre y conocía las palabras de Su padre. La duda es peligrosa y más cuando no permitimos que Dios sea el que las responda. Las respuestas de tu corazón siempre deben de ser respondidas por las palabras de Dios.

¿Cómo borrar los signos de interrogación? Perdonando y soltando nuestras dudas. Deja de creer que nadie te ama porque Dios definitivamente lo hace, deja de creer que tu familia te desprecia porque Dios te mandó a ella para que seas una luz que traiga restauración, deja de creer lo que tus amigos dicen de ti y empieza a ser un joven que influye en ellos, deja de creer que no eres suficiente porque para Jesús vales el riesgo de un reino entero, deja de creer que tus sueños son imposibles de cumplir cuando Dios los escribió en tu corazón y por último, deja de creer la etiquetas que el mundo intenta escribir en tu corazón y empieza a demostrar lo que es tener un corazón conforme al de Dios.

Este capítulo no se trató de un examen psicométrico, se trató de una declaración de fe como hijos de Dios. La verdad es que eres llamado a ser un hijo de Dios, pero el certificado de adopción requiere de una última firma y es la tuya. Tu identidad no está determinada por lo que los demás dicen de ti sino por lo que Dios ya hizo por ti. Uno debe de reflexionar sobre lo que tiene en su corazón y entregarlo para poder representar a Jesús.

Las ventas de corazón se producen por un simple hecho, no estamos bien informados del valor que tiene nuestro corazón, y a quien pertenecemos, pero es tiempo de poner un alto a la venta y empezar a disfrutar el privilegio de ser de la familia de Dios. Nuestro corazón fue hecho para reflejar el de Él.

CAPÍTULO 6

3 QUE NUNCA TE ABANDONEN EL AMOR Y LA VERDAD:
LLÉVALOS SIEMPRE ALREDEDOR DE TU CUELLO Y
ESCRÍBELOS EN EL LIBRO DE TU CORAZÓN.
PROVERBIOS 3:3

Conforme a Su Corazón

3 Que nunca te abandonen el amor y la verdad: llévalos siempre alrededor de tu cuello y escríbelos en el libro de tu corazón.

Proverbios 3:3

La Biblia está compuesta por varias personas utilizadas por Dios para un propósito. Dios demostró partes de Su corazón por medio de estas personas. Nuestro modelo perfecto de humano es Jesús y no hay mejor modelo humano que Él, pero Dios también nos enseña por medio de otros como podemos llegar a ser como Jesús. Todos los humanos a excepción de Jesús tienen fallas, pero dentro de cada uno de nosotros hay una parte del corazón de Dios tal como fue con la vida de David, Jacob, Pablo o María.

Al inicio del libro hablamos de tres características del corazón de Dios. Él tiene un corazón de autoridad, un corazón lleno de perdón y un completo corazón soberano. A continuación vamos a hablar de cuatro características más del corazón de Dios representadas por distintas personas en la Biblia.

Ser de adoración

David es uno de los personajes actuales más reconocidos de la Biblia. No tienes que ser cristiano para saber que David venció a Goliat. Es una historia muy famosa en donde un pequeño pastor de ovejas de tan solo 16 años se enfrentó a un guerrero gigante de casi tres metros y triunfó.

Tiempo después se convierte en el rey del pueblo de Israel y uno de los mejores gobernantes de toda la historia. David no fue perfecto, pero tenía un corazón muy semejante al de Dios. Era valiente, humilde, inteligente, leal y tenía un corazón de adorador. El corazón de Dios está lleno de adoración tal y como era el corazón de David.

La adoración es un pilar en la vida de un seguidor de Jesús. Como creyentes y seguidores de Dios debemos de saber que fuimos creados para adorar a Dios. Dios nos escogió para adorarlo a Él y únicamente Él.

David desde muy joven demuestra tener un corazón de adorador y a donde iba le daba la gloria a Dios. La adoración para él era darle el lugar que merece a Dios y exaltarlo sin importar las circunstancias ya sea que viera el favor de Dios sobre su vida o no. Adoración para él no era tanto sobre cantar o demostrar algún tipo de talento hacía Dios sino de rendirle su corazón. La adoración inicia desde la intención del corazón.

Si Dios escuchará mi voz cuando cantará probablemente ya hubiera sido hecho pedazos por un relámpago porque sinceramente cantó fatal, pero a Dios no le importa que tan bien se escucha tu voz sino que la motivación de tu corazón sea correcta. En toda la Biblia podemos encontrar historias en donde se le rinde algún tipo de adoración a Dios incluso en el libro de apocalipsis, el discípulo Juan habla de cómo en el cielo existe un ambiente de adoración (Apocalipsis 5).

La vida de David igual transmite un corazón de adorador. ¿Por qué es tan importante la adoración? Primeramente, fuimos creados para ello. Es parte de lo que somos y de lo que nos llena al momento de hacerlo. Desgraciadamente hemos cometido el error de adorar a cualquier cosa excepto a Dios, es por eso que caemos en pecado o nos sentimos deprimidos porque simplemente estamos aplicando una falsa adoración en nuestras vidas. Hemos perdido tanta noción de lo que es adorar que ya incluso utilizamos la palabra como cualquier otra.

¿Alguna vez le has dicho a alguien que quieres mucho, "*te adoro*"? Grave error, la adoración es exclusivamente para Dios. Eso no quiere decir que no puedas amar a otra persona simplemente tienes que ver el peso de la palabra "adorar" en tu vida. Si no adoras a Dios, fácilmente vas a adorar a cualquier otra persona, objeto o hábito.

Que la adoración sea parte de ti no significa que simplemente va a fluir en tu vida. Tienes que ser intencional en formar un corazón de adorador tal y como lo hizo David. David fue uno de los autores del libro de Salmos. Es un libro dentro de la Biblia que se encuentra lleno de oraciones y canciones dedicadas a Dios. Es un libro de adoración.

David tenía un corazón tan entregado a la adoración que lo llevó a componer las mejores canciones en toda la historia.

Adoración es rendirle toda gloria, honra, poder e inteligencia a Dios. Una persona que adora no se enfoca en pedirle a Dios sino lo alaba y exalta porque es Dios. Es una expresión espiritual de amor a Dios.

El ser adorador puede incluso llegar a ser ilógico. David nos muestra esto en 2 Samuel 12. En la historia David acaba de cometer un terrible pecado. Estamos hablando del mismo David con un corazón de lleno de adoración y oración. El héroe y rey David que todos admiraban por su sabiduría y favor de Dios.

Hubo una ocasión durante el reinado de David donde decidió quedarse en casa en vez de salir de campaña como siempre se hacía. David por quedarse en casa cuando como Rey debía estar fuera de la ciudad en campaña terminó cometiendo un grave pecado. Una nota aparte rápidamente, la flojera puede llevarte a descuidarte y caer en tentación.

David vio a una mujer de la cual se enamoró, pero dicha mujer ya estaba casada y su esposo era uno de los fieles generales del ejército de David. A David no le importó y embarazó a Betsabé, la esposa del general. David hizo lo posible para que el general Urías tuviera relaciones con Betsabé pero, él con gran convicción se negó ya que sus tropas estaban en la guerra y él no podía tomarse el tiempo de divertirse cuando los demás estaban peleando.

Urías sabía que era tiempo de guerra y él iba a cumplir su rol dentro de dicha temporada. David no logró convencerlo entonces para cubrir su pecado mando a Urías al frente de la batalla donde las probabilidades que muriera eran demasiado altas y así sucedió, Urías fue asesinado por los enemigos de David.

David pensó que su pecado se quedaría oculto, pero un profeta llamado Natán tuvo una revelación por parte de Dios. Natán, el profeta de Dios en tiempos de David fue y lo confrontó. Después de confrontarlo le dijo el precio de sus actos. Su consecuencia iba a ser que el hijo que esperaba Betsabé iba a morir.

David se arrepintió, clamó y oró para que su hijo no se muriera, pero el daño ya estaba hecho. Por siete días se mantuvo sin comer y lleno de tristeza. Los ancianos de su corte lo visitaban e intentaban animarlo sin embargo no lo lograban. Se angustiaron mucho por la actitud de David y más cuando el niño murió. Esperaban que David reaccionará de la peor manera pero su reacción ante la noticia los impactó más de lo que esperaban.

9 Pero David, al ver que sus oficiales estaban cuchicheando, se dio cuenta de lo que había pasado y les preguntó:

—¿Ha muerto el niño?

—Sí, ya ha muerto —le respondieron.

20 Entonces David se levantó del suelo y en seguida se bañó y se perfumó; luego se vistió y fue a la casa del Señor para adorar. Después regresó al palacio, pidió que le sirvieran alimentos, y comió.

2 Samuel 12:9, 20

Justo después de perder a su hijo, David adoró. ¿Es algo ilógico no crees? ¿Cómo después de perder a su hijo puede ponerse a exaltar y glorificar a Dios?

La adoración nunca va a depender de tu estado emocional o de tus circunstancias. La adoración es un estilo de vida. David fácilmente pudo haberse enojado con Dios o reprocharle, mas no lo hizo porque entendía dos cosas muy importantes:

- Dios no es culpable de nuestros errores.
- Adoración es algo que se hace todo el tiempo sin importar la circunstancia.

Por medio de David aprendemos que nuestra adoración no debe de depender de cómo nos sentimos o en qué situación estamos. Es algo que decidimos hacer incluso cuando emocionalmente no sentimos que es el tiempo. Una emoción nunca debe de privarte de adorar a Dios. No sé qué estés viviendo en estos momentos pero puedo decirte que si aún no lo haces es tiempo de que empieces a formar un corazón de adorador. La adoración no depende de tu entorno, depende de tu corazón.

No permitas que las situaciones o emociones de tu vida te quiten el privilegio de adorar a Dios. Empieza a forjar un estilo de vida donde diariamente estés adorando. Puedes adorar por medio de alabanzas, oraciones o simplemente por la manera que te desenvuelves, es decir, por medio de tus actos. Lo importante es que tengas la intención en tu corazón y que seas transparente al momento de adorar.

13 El Señor dice: «Este pueblo me alaba con la boca y me honra con los labios, pero su corazón está lejos de mí. Su adoración no es más que un mandato enseñado por hombres.

Isaías 29:13

La adoración no se puede obligar. No es algo que una persona te puede forzar a hacer. No puede llegar una persona, ponerte una pistola en la cabeza y obligarte a adorar. La adoración no se trata solamente de un acto físico sino también del acto del corazón.

Nadie obligó a David a adorar a Dios, él decidió hacerlo. Nuestro estilo de vida debe estar lleno de verdad y del Espíritu para vivir una vida de adoración al máximo. Es tiempo de que jóvenes despierten su corazón a un estilo de adoración verdadera. Empieza tus días adorando a Dios y verás resultados diferentes.

23 "Pero se acerca la hora, y ha llegado ya, en que los verdaderos adoradores rendirán culto al Padre en espíritu y en verdad, porque así quiere el Padre que sean los que le adoren. 24 Dios es espíritu, y quienes lo adoran deben hacerlo en espíritu y en verdad."

Juan 4:23-24

Perseverancia en las peleas

Jacob en lo personal es uno de mis personajes preferidos de la Biblia. Recuerdo desde muy pequeño conectar con la historia de Jacob y ser inspirado por el que luego se convertiría en Israel. Debo aclarar que él no fue el más "*cristiano*" del mundo, de hecho le robo su herencia a su propio hermano.

En Génesis 25 podemos ver el inicio de la historia de Jacob. Desde que nació existió una competencia con su mellizo, Esaú. Jacob nació justo detrás de Esaú siendo más específico nació con una mano agarrada del talón de su hermano. Esaú se convirtió en el primogénito de Isaac. La primogenitura en esos tiempos era algo muy importante ya que el primer hijo era el que llevaba la mayor parte de los beneficios. Se convertía en la cabeza de toda la familia, se quedaba con una doble porción de la herencia y el gobierno de la familia. Ser el primogénito era lo máximo.

Jacob era un hombre tranquilo que a diferencia de su hermano no actuaba en base a su impulso. El no actuar a base de impulso lo llevó a obtener una cierta ventaja sobre su hermano y cuando se le presentó la oportunidad no dudo en engañarlo para que le vendiera su primogenitura. Esaú menospreció su primogenitura y se la vendió por un plato de lentejas. Jacob como típico hermano se aprovechó de la debilidad de su hermano y eso tuvo una grande consecuencia.

Yo soy el hermano invisible es decir el mediano. Tengo un hermano mayor y uno menor eso significa que normalmente el que termina perdiendo en las peleas soy yo. Hasta que aprendí de Jacob. Como les dije al principio, soy un niño de iglesia entonces desde muy pequeño escuche la historia de Jacob y la guarde en mi corazón aunque probablemente no todo lo que guarde era bueno. Jacob era mi héroe porque le ganó a su hermano así que quise ser como él.

No le robe a mi hermano su primogenitura porque primeramente detesto cocinar aunque le pude haber ofrecido una sopa *maruchan*.

Lo que quiero decir es que entiendo personalmente lo que es competir con hermanos y probablemente también lo sepas si es que tienes hermanos (si eres hijo único no tuviste infancia...no es cierto).

Siempre existe un ambiente competitivo entre los hermanos sin importar que hermano seas. Por ejemplo, mi hermano menor Julian, es muy buen jugador de fútbol y hubo un tiempo en donde lo despreciaba porque cuando íbamos a jugar siempre resaltaba él. Mi hermano mayor era (ya le ganó) muy bueno en *FIFA* y siempre perdía contra él. Siempre existe la competencia entre hermanos, pero demasiada competencia puede causar la división entera de una familia.

Eso fue lo que causó Jacob al competir y robar lo que le pertenecía a su hermano. Logró robarle la bendición a su hermano, pero terminó huyendo por miedo a que su hermano mayor lo asesine.

Paso mucho tiempo para que Jacob se volviera a reunir con su hermano, pero antes de que esto sucediera fue probado por Dios. Jacob llenó de angustia por lo que su hermano le podía hacer decidió acudir a Dios y comenzó a orar.

9 Entonces Jacob se puso a orar: «Señor, Dios de mi abuelo Abraham y de mi padre Isaac, que me dijiste que regresara a mi tierra y a mis familiares, y que me harías prosperar: 10 realmente yo, tu siervo, no soy digno de la bondad y fidelidad con que me has privilegiado. Cuando crucé este río Jordán, no tenía más que mi bastón; pero ahora he llegado a formar dos campamentos. 11 ¡Líbrame del poder de mi hermano Esaú, pues tengo miedo de que venga a matarme a mí y a las madres y a los niños! 12 Tú mismo afirmaste que me harías prosperar, y que mis descendientes serían tan numerosos como la arena del mar, que no se puede contar».

Génesis 32:9-12

La oración de Jacob nos habla mucho de la condición en la que se encontraba. Primeramente, podemos ver que Jacob estaba lleno de miedo por su familia, que estaba consciente de lo indigno que era, que había un Dios fiel dentro de su familia y que existía una promesa. Todo esto se encontraba en su mente y veía dirección. Tenía presente la promesa, pero su miedo era mayor.

Nos podemos encontrar en circunstancias como las de Jacob en donde somos envueltos por el miedo de nuestros problemas. Debemos aprender a formar un corazón de perseverancia tal y como Jacob lo hizo. Él siempre fue una persona perseverante. Él veía un objetivo y lo cumplía. Desde robarle la primogenitura a su hermano hasta trabajar catorce años para poder casarse con la mujer de sus sueños, Raquel. Su perseverancia era impresionante aunque su motivación puede que haya sido incorrecta. Llegó el punto donde su perseverancia fue moldeada por un encuentro directo con Dios.

Para tener un corazón perseverante debemos de ver la imagen completa de la situación de Jacob. En su momento de aflicción podemos ver cuatro factores importantes que lo rodeaban: el problema, su condición mental, un anhelo por libertad y una promesa.

El problema de Jacob era el miedo que tenía por lo que su hermano Esaú le hiciera. Estaba aterrorizado porque sabía que su hermano podría querer vengarse de que Jacob le haya robado su mayor bendición. Su condición mental era la de un hombre arrepentido de su pasado y dispuesto a hacer las cosas bien. El anhelo en su corazón era de ser librado de su circunstancia. Por último, Jacob tenía presente la promesa de que tendría una numerosa descendencia.

¿Cómo contesta Dios ante la petición de Jacob? Con un evento *pay-per view* de lucha libre. Justo después de que Jacob ora podemos ver como es puesto a prueba por un ángel en una lucha.

24 quedándose solo. Entonces un hombre luchó con él hasta el amanecer.

Génesis 32:24

La perseverancia de nuestro corazón es demostrada no por que tanto nos esforzamos en lograr algo por nuestra propia cuenta, sino que tanto nos esforzamos por lograr algo junto a Dios.

Tener un corazón perseverante no se trata de simplemente mantenerte firme en algo sino mantenerte firme sobre la roca que es Dios, eso es lo que es la verdadera perseverancia. Jacob estaba lleno de miedo y cuando físicamente se enfrentó al problema no vio una amenaza más bien una oportunidad para ser bendecido.

La clave para tener un corazón perseverante es ver a ese oponente que llamas problema no como una maldición sino como una oportunidad para que Dios se glorifique sobre tú vida.

25 Cuando ese hombre se dio cuenta de que no podía vencer a Jacob, lo tocó en la coyuntura de la cadera, y esta se le dislocó mientras luchaban. 26 Entonces el hombre le dijo:

—¡Suéltame, que ya está por amanecer!

—¡No te soltaré hasta que me bendigas! —respondió Jacob.

27 —¿Cómo te llamas? —le preguntó el hombre.

—Me llamo Jacob —respondió.

28 Entonces el hombre le dijo:

—Ya no te llamarás Jacob, sino Israel, porque has luchado con Dios y con los hombres, y has vencido.

29 —Y tú, ¿cómo te llamas? —le preguntó Jacob.

—¿Por qué preguntas cómo me llamo? —le respondió el hombre.

Y en ese mismo lugar lo bendijo.

Génesis 32:25-29

Jacob no soltó a Dios porque sabía que era su oportunidad de ser bendecido. ¿Qué problemas estás viendo de la manera equivocada? Dios quiere que te aferres a Él. Aférrate a Dios aunque se disloquen cosas en tu vida porque tarde que temprano llegará tu bendición. Cambia el factor de problema en oportunidad.

Dios antes de bendecir a Jacob le pregunta su nombre. ¿Se lo pregunta porque no sabe cómo se llama? No lo creo, Dios le pregunta su nombre a Jacob para que Jacob acepte ser bendecido tal y como es. Jacob sabía que era un tramposo engañador y que su nombre representaba eso pero aún sabiendo que era indigno decidió responder. Dios no te pregunta tu nombre para avergonzarte sino para que veas que aún cuando tu vida no es digna, Él te da amor, gracia y te cambia de nombre a hijo o hija de Dios. Cambia tu condición mental recordándote que eres Su hijo.

El mayor anhelo de Jacob se cumple cuando reconoce su identidad y por fin es bendecido. Nos muestra que para ser un guerrero no debemos de mantenernos en nuestros ideales sino estar conscientes de que la perseverancia es producida buscando diariamente la bendición de Dios. Tener un corazón perseverante es el resultado de una conversación diaria con Dios.

<u>Lleno de amor</u>

María, la madre de Jesús, fue una de las mujeres con un corazón lleno de amor y honra. El amor de María por Dios fue lo que la mantuvo firme en cumplir el propósito de caminar junto a Jesús y ver su poder manifestado.

¿Te puedes imaginar ser la madre de Jesús? Imagina la presión que pudo haber sentido María, o la incomodidad de regañar al hijo de Dios o comer con un niño que podía multiplicar la comida. A pesar de todo esto, ella lo amó y tuvo fe en el mandato de Dios incluso cuando Jesús se fue de su casa a cumplir su propósito.

La fe de María es extraordinaria y más el amor por Dios que nos muestra al inicio de su historia. Un ángel baja del cielo para decirle que va a concebir al hijo de Dios. Era una joven que ni siquiera estaba casada. Me imagino lo incomodo que pudo haber sido para María, pero aún así decidió creer y aceptó el regalo de Dios (literalmente).

30 —No tengas miedo, María; Dios te ha concedido su favor —le dijo el ángel—. 31 Quedarás encinta y darás a luz un hijo, y le pondrás por nombre Jesús. 32 Él será un gran hombre, y lo llamarán Hijo del Altísimo. Dios el Señor le dará el trono de su padre David, 33 y reinará sobre el pueblo de Jacob para siempre. Su reinado no tendrá fin.

34 —¿Cómo podrá suceder esto —le preguntó María al ángel—, puesto que soy virgen?

Lucas 1:30-34

Dios hizo un milagro en la vida de María, pero antes de que hiciera el milagro ella decidió escuchar y aceptar en su corazón el regalo de Dios. Ella decidió aceptar la promesa de amor. ¿Estás tú dispuesto a aceptar esa promesa?

Solo se puede tener un corazón de amor si aceptamos al hijo de Dios en nuestras vidas (no te preocupes no tan literal como María). El amor no es una emoción o una virtud. Dios es amor como lo vimos en el capítulo anterior.

Amor no es lo que normalmente te vende la mercadotecnia o las películas. Es muy diferente el enamoramiento al amor. Amor es una decisión, nunca un sentimiento. Hay un versículo muy famoso que se refiere al amor y lo puedes encontrar en 1 Corintios 13.

4 El amor es paciente, es bondadoso. El amor no es envidioso ni jactancioso ni orgulloso. 5 No se comporta con rudeza, no es egoísta, no se enoja fácilmente, no guarda rencor. 6 El amor no se deleita en la maldad, sino que se regocija con la verdad. 7 Todo lo disculpa, todo lo cree, todo lo espera, todo lo soporta.

1 Corintios 13:4-7

Algo que me enseñaron desde muy chico para comprender de mejor manera lo que es amar es que cambiará la palabra AMOR por mi nombre en el versículo anterior. *"Alan es paciente, Alan es bondadoso. Alan no es envidioso ni jactancioso ni orgulloso. No me comporto con rudeza, no soy egoísta, no me enojo fácilmente, no guardo rencor. No me deleito en la maldad, sino que se regocija con la verdad…".*

Haz lo mismo tú con este versículo y te aseguro que comprenderás de mejor manera lo que es el amor. Buscar tener un corazón de amor conforme al de Dios es buscar tener un corazón conforme a Su carácter y ser llenos de fe como María lo fue. Es aceptar al Hijo y una vez que aceptemos al Hijo podemos ser guiados a amar a otros. El que tiene al Hijo tiene el amor por los demás.

¿Qué pasa cuando tienes el amor que tuvo María? Eres lleno de fe y eres cubierto de los ataques de los demás. María tuvo que soportar ver a su Hijo morir en una cruz, pero sabía que eventualmente Él traería justicia. Igual nosotros debemos de soportar las ofensas que nos hacen los demás y amarlos sin importar lo que nos hagan. El mundo te dirá que regreses mal por mal, pero Jesús te llama a que ames.

8 Sobre todo, ámense los unos a los otros profundamente, porque el amor cubre multitud de pecados.

1 Pedro 4:8

Corazón de predicador

Pablo, escritor de gran parte del nuevo testamento y podríamos decir de los primeros predicadores mundiales de Jesús. Pablo, también conocido como Saulo, fue de ser un asesino de cristianos a uno de los líderes con mayor influencia en el mundo.

Pablo nos demostró lo que en verdad es un corazón de predicador. Dios desea hijos que tengan un corazón lleno de predicación genuina. Busca jóvenes que estén dispuestos a transmitir el mensaje que Él tiene para las demás personas que aún no lo conocen. Busca jóvenes que no teman a mencionar del amor de Dios en voz audible y a compartirle a una persona el simple hecho de que Dios existe.

Podemos pensar que predicación es algo que solo se hace sobre una plataforma o con multitudes; sin embargo, va más allá que eso. Un corazón de predicador no es solo palabras, sino una vida completa de testimonio. El corazón de predicador se muestra diariamente en la manera que vivimos desde como hablamos hasta cómo reaccionamos. Un corazón de predicador no se refiere a un corazón perfecto, sino a un corazón que en cada oportunidad busca representar a Dios.

Pablo antes de predicar al mundo era un asesino de cristianos sin embargo Dios lo transformó y le dio un nuevo propósito. Tu corazón está llamado a predicar. Tal vez no entiendas a lo que me refiero o incluso puede que pienses lo contrario que no fuiste llamado a predicar. Predicar no es pararte en una plataforma con un micrófono y dar un mensaje. Por supuesto, es parte de predicar, pero no solo es eso.

Predicar es compartir el mensaje de Jesús a aquellos que no lo conocen de cualquier forma ya sea por redes sociales, en un café o por teléfono. Es hablar con la cara en alto y decir "*Si, vendí mi corazón, pero alguien pagó por él tal y como pago por tu corazón. Él se llama Jesús te ama y quiere demostrarte lo que en verdad es vivir.*" Predicar se trata de hablarle al mundo de su salvador, Jesús.

Pablo fue uno de los personajes más radicales de la Biblia e hizo todo para demostrarle al mundo quién era su salvador. ¿Estás dispuesto a hacer lo mismo? Tal vez no te sientas listo para formar un corazón de predicador y está bien no se trata de que tú lo formes sino de dejar que Dios lo haga y transforme el negocio de tu vida. Empieza a demostrar a Jesús no solo con lo que dices sino también con lo que haces. Hazlo en tu casa, en tu escuela, en tu trabajo o en cualquier lugar. El mundo está invadido por un cáncer llamado pecado y la única cura es Jesús. El corazón de predicador está en ti. Todos fuimos diseñados para hablar de las buenas noticias de Jesús.

19 "Por tanto, vayan y hagan discípulos de todas las naciones, bautizándolos en el nombre del Padre y del Hijo y del Espíritu Santo, 20 enseñándoles a obedecer todo lo que les he mandado a ustedes. Y les aseguro que estaré con ustedes siempre, hasta el fin del mundo."

Mateo 28:19-20

El corazón de Dios está lleno de maravillas y de secretos que nos ayudan a entender el propósito de nuestras vidas. Está lleno de adoración, amor, perseverancia, predicación, felicidad, paz y muchas cosas más que si las escribiera probablemente nunca terminaría este libro es por eso que solo escribí algunas. No se trata de decirte todo lo que tiene el corazón de Dios porque eso te corresponde a ti descubrirlo. Admito que yo no he descubierto todo lo que conforma el corazón de Dios, pero definitivamente busco tener mi corazón cada día más conforme al suyo. ¿Como?

Creyendo diariamente en Él, leyendo la Biblia, adorando y orando.

Cada personaje en la Biblia tiene algo de Dios, como lo mencionamos al inicio, es por eso que están ahí. Son herramientas para que aprendamos tanto de lo que hicieron bien como lo que hicieron mal. Dios nos habla por medio de sus vidas y testimonios.

En tu vida, Dios utilizará diferentes personas para guiarte en el propósito de Jesús para ti. En mi caso uno de los principales guías en mi vida fueron mis padres. Mis padres siempre han sido ejemplo para mi vida. Mi madre tiene un corazón de oración y me ha enseñado lo importante que es muchas veces guerrear de rodillas. Mi padre tiene un corazón de servicio que me ha llevado a ver lo fundamental que es demostrar el amor de Dios amando y sirviéndole a nuestro prójimo sin esperar nada a cambio.

Pueden existir diferentes personas en tu vida que sean ejemplos del corazón de Dios, pero es tiempo de que tú seas el ejemplo de vida para alguien más. Ya basta de vender tu corazón, Jesús pagó por él y quiere que levantes su bandera en alto. Jesús quiere que demuestres lo que es el corazón de Dios. Es tiempo de que jóvenes vivan conforme al corazón de Dios y no conforme al corazón del mundo. Nuestro modelo perfecto es Jesús. Empieza a buscar a moldear tu corazón como el de Él y veras tu propósito cumplirse.

CAPÍTULO 7

7 PERO EL SEÑOR ME DIJO: «NO DIGAS:
"SOY MUY JOVEN", PORQUE VAS A IR ADONDEQUIERA
QUE YO TE ENVÍE, Y VAS A DECIR TODO LO QUE
YO TE ORDENE. 8 NO LE TEMAS A NADIE, QUE
YO ESTOY CONTIGO PARA LIBRARTE», LO AFIRMA
EL SEÑOR.
JEREMÍAS 1:7-8

El Propósito de Tu Corazón

7 Pero el Señor me dijo: «No digas: "Soy muy joven", porque vas a ir adondequiera que yo te envíe, y vas a decir todo lo que yo te ordene. 8 No le temas a nadie, que yo estoy contigo para librarte». Lo afirma el Señor.

Jeremías 1:7-8

Propósito. Una de las palabras más buscadas e intimidantes para el ser humano. ¿Te has preguntado para qué fuiste creado? Estoy seguro que sí. En algún punto de nuestras vidas nos ha pasado por la mente la palabra propósito o en términos cristianos la palabra llamado. Son dos palabras que cuando, empezamos a meditarlas, comienzan a cobrar un gran peso en nuestras vidas.

Primero, ¿qué es propósito? Podríamos definir la palabra como un objetivo determinado a alcanzar. Es una intención a cumplirse. La pregunta que normalmente un ser humano puede llegar a hacerse es, ¿cuál es el objetivo de mi vida? ¿Con qué intención fui creado?

Nos podemos incluso obsesionar por contestar la pregunta y salir con diferentes variaciones de respuestas en cuanto al porqué fuimos creados. El problema no es que buscamos un propósito sino que formulamos falsas respuestas a la pregunta, ¿para qué fui creado? Desde un *"YOLO"* hasta un fui creado para *"ser pastor"*.

El propósito de tu vida no está en complacer los placeres de tu corazón o en un simple título. Si quisiéramos resumir el propósito de Dios sobre nuestras vidas con un título sería sencillamente, "hijo de Dios". Fuiste creado para ser un hijo de Dios.

En todo este libro hemos hablado de lo que es el corazón ante los ojos de Dios. Hemos hablado de lo que nos lleva a vender nuestro corazón a un falso propósito, de lo que nos impide avanzar y lo que nos engaña a dar nuestro corazón. Detrás de toda esa basura que el mundo nos quiere vender hay un enemigo derrotado por un Dios todopoderoso. Un Dios que te llama a tener un corazón conforme el suyo y cerrar la puerta a la falsedad de lo que el mundo te quiere ofrecer.

Siempre he sido fanático de la palabra propósito incluso puedo decir que llegue a tener un pequeña obsesión con la palabra. Recuerdo una etapa de mi vida en la que me obsesioné por conocer mi propósito. Clamaba para que Dios me revelará mi futuro y para saber en qué poner mi completa concentración. Fueron meses de constante oraciones.

¿Descendió en forma de paloma Dios y me dijo lo que esperaba? No, en realidad la mayor parte de las veces escuché un ruidoso, pero ruidoso, silencio. Esperaba una señal dramática ya sea por medio de alguien o algo, pero nada todo se sentía igual que siempre. Llegué a tener sueños extraños aunque nada que tuviera que ver con mi propósito al menos que mi propósito fuera comer las galletas que una vez soñé. Aunque sonaba placentero sabía que ese no era mi propósito.

No fue hasta que leí una palabra que entendí lo que debía hacer. Esa palabra me marcó y me sacó de mi trance con la palabra propósito.

30 "Yo he buscado entre ellos a alguien que se interponga entre mi pueblo y yo, y saque la cara por él para que yo no lo destruya. ¡Y no lo he hallado!"

Ezequiel 22:30

Estaba tan obsesionado con la palabra propósito que perdí de vista de lo que significaba en realidad. Estaba tan enfocado en recibir de parte de Dios un título que perdí de vista lo verdadero.

No importa qué tanto te esfuerces por dar a Dios si tu corazón no está en el lugar correcto. Mi corazón se enfocó tanto en un futuro que dejó de crear un presente. Entendí que Dios simplemente estaba buscando a alguien que saque la cara por su generación.

Dios no está buscando a un pastor, misionero o profeta. Él está buscando a personas que estén dispuestas a rendirle su corazón. Puedes intentar pescar todo lo que quieras, pero mientras Jesús no se encuentre en tu vida nunca podrás llenar tu red. El propósito de tu corazón es servirle a Dios. ¿Qué eso es todo? Si, esa es la maravilla de Dios. No te pide nada más que ser su hijo y servir en su casa.

Los fariseos en la Biblia no entendían esto y creían que su propósito era ser esclavos de la ley de Dios. Dios no quiere esclavos, quiere hijos en su casa llamada eternidad. Dios ha puesto la eternidad en tu corazón, pero tienes que estar dispuesto a tomarla todos los días y no sólo eso, sino compartirla con los demás.

9 "No devuelvan mal por mal ni insulto por insulto; más bien, bendigan, porque para esto fueron llamados, para heredar una bendición."

1 Pedro 3:9

Tener una vida con Jesús es tu principal propósito. Después de esto vienen otros, claro, pero van debajo de éste propósito. ¿Recuerdas al inicio de libro cuando te pregunté por los sueños que dejaste morir en tu vida? (si no leíste la introducción no lo vas a recordar). Dios escribió esos sueños en tu corazón con un objetivo.

Una relación cercana con Dios revela un propósito claro. Un propósito o sueño a la vez pero siempre siguiendo el principal, que, es tener una relación cercana con Jesús. El mundo te puede formar un propósito, pero es incomparable a los propósitos que Dios formó para ti.

Cuando dejé mi obsesión por propósito y entendí que simplemente se trata de estar con Él fue cuando empecé a escuchar más de lo que Dios quería hacer a través de mí. Nunca perdiendo de vista el principal propósito sino descubriendo más de lo que Dios haría por medio de mi vida como escribir este libro. Fue un propósito que salió del principal y que disfrutaré junto con Dios aunque no termina ahí porque hay más que hacer todavía. Esto sólo es el principio.

Igual puede ser contigo. Primero tu relación sana con Él, luego vendrán más cosas y ya depende de ti decir "heme aquí".

¿Por qué? Porque el mundo es una gran montaña de pecado que requiere de gente que esté dispuesta a meter las manos sin ensuciar su corazón, así que no esperes y empieza a actuar. Empieza a hacer algo por tu comunidad, por tus amigos, por tu familia y empieza a hablar de Jesús.

Lo más difícil ya lo vivió Él, ahora sólo te toca compartirlo con los demás. Dios publicó la noticia de salvación para que simplemente hagamos *retweet*. No sólo eso sino que Dios también es detallado en sus planes.

15 "Les dijo: «Vayan por todo el mundo y anuncien las buenas nuevas a toda criatura."

Marcos 16:15

¿Pensaste que sería más detallado? No, porque es claro el mensaje que emite. Simplemente se trata de ir y de anunciar que la venta fue cancelada. Jesús pagó el precio de la humanidad. En verdad es algo que quiero que se te grabe porque es algo que cuando lo pienso me vuelvo loco y celebro porque ya no estoy atado al pecado sino soy parte de la familia de Dios. Ahora es mi responsabilidad demostrarle a los demás su recibo de compra y hablarles de lo que Dios tiene para ellos.

No quiero ser alguien que cuando pudo ser la Biblia de alguien más se negó a serlo. No quiero ser alguien que se espere para poder compartir de Jesús. No quiero ser alguien que se siente limitado por lo que los demás dicen en vez de ser impulsado por lo que Dios ya dijo. Yo sé que cuando se trata del propósito de Dios para mi vida no hay plan B, quiero ser una persona que si viera su contador de vida aprovecharía cada segundo, minuto y hora. Jesús sanaba con un simple toque y yo quiero ser ese toque con los demás.

Ahora te pregunto, ¿qué harás con tu contador de vida? Si después de haber leído todo este libro no sabes lo que debes hacer con tu corazón déjame te lo resumo en una frase: "Entrega tu corazón a Dios".

En mi vida como cristiano he escuchado muchas veces que seguir a Jesús es fácil y también he escuchado que es difícil. ¿Importa si es fácil o difícil? En lo personal no lo creo. Hay una guerra por tu corazón eso importa y a quien se lo entregas determinará tu propósito. Cuidado con las llamadas a tu corazón y si vas a responder a una que sea a la de Jesús.

12 "Que nadie te menosprecie por ser joven. Al contrario, que los creyentes vean en ti un ejemplo a seguir en la manera de hablar, en la conducta, y en amor, fe y pureza."

1 Timoteo 4:12

Antes de terminar quiero motivarte a que seas el cambio en donde sea que estés. Nunca eres demasiado joven o demasiado viejo para hablar del mensaje de Jesús. Sé cuidadoso con tu manera de hablar, y actuar, ten una relación tan cercana a Dios que puedas cumplir las palabras que Natán dijo.

2 —Bien —respondió Natán—. Haga Su Majestad lo que su corazón le dicte, pues Dios está con usted.

1 Crónicas 17:2

Llega a tener un corazón tan cercano al de Dios que puedas escucharlo y obedecerlo porque sabes que es la voluntad de Dios.

17 "«Hijo de hombre, a ti te he puesto como centinela del pueblo de Israel. Por tanto, cuando oigas mi palabra, adviértele de mi parte 18 al malvado: "Estás condenado a muerte". Si tú no le hablas al malvado ni le haces ver su mala conducta, para que siga viviendo, ese malvado morirá por causa de su pecado, pero yo te pediré cuentas de su muerte. 19 En cambio, si tú se lo adviertes, y él no se arrepiente de su maldad ni de su mala conducta, morirá por causa de su pecado, pero tú habrás salvado tu vida."

Ezequiel 3:17-19

EPÍLOGO

Epílogo

30 "Ama al Señor tu Dios con todo tu corazón, con toda tu alma, con toda tu mente y con todas tus fuerzas".

Marcos 12:30

Vendí mi corazón al orgullo, rencor, miedo, amistades, relaciones, sueños falsos, pero encontré a alguien que a pesar de todo lo maltratado que se encontraba mi corazón estaba dispuesto a comprarlo y repararlo. Estoy seguro que después de todo este libro ya sabes quién es.

Mi familia me ha enseñado lo importante que es Jesús. Mi hermano mayor es uno de los más grandes ejemplos para mi vida y me demostró que cuando eres llamado la gracia va por delante. Tú eres llamado y la gracia de Dios está sobre ti, no importa tu pasado o los actos que hayas cometido, no importa si engañaste a Dios con cosas terribles como drogas, fornicación, hechicería, infidelidad o cualquier otra cosa. Ya no importa tu pasado si le entregas tu futuro a Jesús.

El enemigo quiere hacerte pensar que tu corazón aún es su propiedad, pero la verdad es que eres libre de escoger a quien le pertenece tu corazón. No dudes de lo que hay en tu corazón. La serpiente hizo dudar a Adán y Eva. Escoge la vida, escoge a Jesús. Lo que decides debes declarar y lo que declares o hagas debe ser respaldado por las intenciones de tu corazón. No puedes decir algo, actuar otra cosa y creer en otra cosa. Tus palabras, tus acciones y tu corazón deben estar conectados al mismo propósito.

Adán y Eva fueron engañados pensando que su corazón no era suficiente, David fue cegado por el deseo que se formó en su corazón, el legado de Abraham y Sara sufrió por escuchar el ritmo de su corazón y la iglesia se vendió por ídolos falsos. Puedo firmemente decir que todos hemos pasado por una venta de nuestro corazón. Todos hemos entregado nuestro corazón a las manos incorrectas y posiblemente enfrentado las consecuencias de nuestros actos.

El enemigo se ha enriquecido por nuestra falta de relación con Dios. Jóvenes día tras día están tomando las peores decisiones en cuanto a su corazón porque no conocen al diseñador de su vida., en este mismo momento puede que haya una joven en el mundo devastada porque recibió la noticia de que está embarazada a sus quince años, en este mismo momento puede estar un joven en su cuarto a solas envolviéndose una soga al cuello porque piensa que no hay nada que pueda llenar su corazón y ve la muerte como la mejor salida, en este mismo momento alguien está vendiendo su corazón, ¿vas a permitir que eso suceda?, ¿vas a permitir que una vida se pierda?, tu respuesta al instante probablemente sea un fuerte no; pero no basta con una contestación de dos letras. Para destruir el mercado de corazones por parte de Satanás debemos levantarnos unidos y a una sola voz declarando que por medio de Jesús somos libres.

El tiempo de una nueva generación de jóvenes que pelean por su corazón ha llegado. Basta de excusas de que no sabes cómo, o de que no eres lo suficientemente fuerte como para alzar tu voz. Yo creí esa mentira por mucho tiempo, mi familia se creyó esa mentira por mucho tiempo, desde mi hermano más pequeño hasta la cabeza de mi hogar, mi padre. Tiempo después entendimos que no se trataba de nosotros, se trata de representar el cuerpo de Cristo, se trata de representar la iglesia y sobre todo, se trata de representar el corazón de Dios. Mi familia hoy se encuentra más unida que nunca y aunque no somos perfectos hacemos nuestro mayor esfuerzo por representar el corazón de Dios. Mi familia no se unió de un día para otro, empezó por una persona que oró por los corazones de sus descendientes, mis abuelas. Hoy no les puedo dar gracias en persona, pero algún día en la eternidad lo haré y les diré lo importante que fueron sus oraciones para que yo comprendiera este principio de entregar mi corazón únicamente a Dios.

Tu edad nunca será un limitante en tu vida. Nunca te limites porque eres demasiado joven o demasiado mayor para compartir de Jesús. Creo firmemente que Dios está llamando a tu generación a hacer lo que nunca nadie ha hecho, a levantarse y pelear con un corazón completamente entregado a Dios.

Soy un joven de diecinueve años que vendió su corazón. Como en la historia de Sansón mis enemigos me quitaron una parte de mí; Sansón, el hombre más fuerte de la historia, le arrancaron sus ojos porque no cuidó su corazón, igual que él, por mucho tiempo mi corazón había sido arrebatado de mí. Como consecuencia, mi ser estaba atado al pecado, por consecuencia no era libre y era adicto a mis emociones.

Hoy, con tan sólo diecinueve años de edad te diré (y si pudiera te lo gritaría en persona) que, ¡ya no más! Aunque mi corazón al principio me haya condenado, mi Dios es más grande y junto con Él cumpliré lo imposible, no por mis propios méritos sino porque mi corazón le pertenece a Dios y cuando tu corazón está en manos de Dios, tu potencial no tiene límite. Si el enemigo fue el culpable de que haya vendido mi corazón, Dios fue el responsable de restaurarlo.

20 "que aunque nuestro corazón nos condene, Dios es más grande que nuestro corazón y lo sabe todo."

1 Juan 3:20

Hoy te escribo este libro para decirte que no estás solo. Dios y muchos más de sus seguidores están contigo, la venta fue cancelada. El enemigo derrotado en la cruz por Jesús. Hoy puedo mirar atrás con un corazón nuevo, sonreír y publicar este libro diciéndole en la cara al enemigo que viene una generación que lo llevará a la bancarrota. Esa generación no son los *baby boomers*, *millennials*, *generación x* o cualquier título que invente el ser humano. Si le pusiéramos un título a la generación que se levanta a cancelar las ventas de corazón sería: hijos de Dios.

Esa generación no se define por un rango de edad, sino en una patente de corazón marcada por Jesús. Esa generación hoy, en este instante está leyendo esto y junto conmigo declara que la venta fue CANCELADA.

Notas / Referencias:

1. Heyman, D. (Productor), & Columbus, C. (Director). (2001). *Harry Potter & the Philosopher's Stone* [Filme]. Reino Unido: Warner Bros. Pictures.
2. S. A. (2014). Hermosa y peligrosa, conoce a la serpiente Atheris Hispida. Frontera.Info. Recuperado de: http://www.frontera.info/EdicionEnlinea/Notas/LoCurioso/01032014/814818-Hermosa-y-peligrosa-conoce-a-la-serpiente-Atheris-Hispida.html
3. Do It Again. There Is a Cloud [Disco Compacto]. Charlotte, NC.
4. Feige, K., Arad, A. (Productores), & Favreau, J. (Director). (2008). *Iron Man* [Filme]. Estados Unidos: Marvel Studios.
5. Dewey, A., Musker, J., Clements, R. (Productores), & Musker, J., Clements. (Directores). (1997). *Hercules* [Filme]. Estados Unidos: Walt Disney Pictures.
6. Arnold, B., Guggenheim, R. (Productores), & Lasseter, J. (Director). (1995). *Toy Story* [Filme]. Estados Unidos: Walt Disney Pictures.

Agradecimientos Finales

Quiero agradecer a todos los que me motivaron a escribir este libro y a todos los que se tomaron el tiempo de leerlo. Me gustaría aprovechar este espacio para agradecer personalmente a todas esas personas que desde el inicio me motivaron y apoyar a realizar mi primer libro.

A toda mi familia. Si leyeron todo el libro se darán cuenta de lo mucho que aprendo de ustedes. Son lo mejor de mis 365 días cada año y los amo con todo mi corazón. Todo este libro es inspirado por Dios y sus diarias lecciones a través de ustedes.

Padres, han dado tanto por mí. Mi vida es una predica de lo que han sembrado en mí. Es testimonio de su amor por guiarme en la palabra de Dios.

Christian y Stephany Meraz, su matrimonio y liderazgo es tan genuino y único, gracias por simplemente tenerme cerca para presenciar lo mejor de ustedes. Julian, eres único en todo lo que haces. Te amo hermanito y espero seguir aprendiendo más de ti.

A mis líderes, Melissa y Jerry Ramos. Recuerdo la primera vez que le mencione a Jerry que quería escribir un libro como se emocionó (creo que hasta más que yo) y me inspiro aún más a escribirlo. Me has amado como tu propio hijo, corregido y sobretodo, me has enseñado a soñar. Meli, aunque tus correcciones dan miedo siempre están llenas de amor y me retas a crecer en mi liderazgo en todas las maneras posibles. Me han guiado, corregido, cuidado y amado de una manera increíble. Son los mejores padres espirituales y este libro es fruto de lo que han invertido en mi vida.

Dani y Cynthia Osuna, son guías de lujo y la salvación de muchos jóvenes. Su dirección en mi vida es de mucha ayuda, su amor por *Star Wars* los hace aún más geniales y su autenticidad me ha inspirado en el ministerio de una manera que no se imaginan.

Gracias a mis pastores, Jose y Michelle Mayorquin por amar tanto a mi ciudad y a mí familia. Sus enseñanzas han impactado mi vida completa y sus vidas es testimonio vivo de lo que es tener una familia que triunfa. Definitivamente me han ayudado a conectar con Dios y con mi propósito.

A mis editores: Anel Shadai, Cesar Galvez, David Berruecos y Fernando Abarca. Gracias por su tiempo invertido en este libro, gracias por sus miles de correcciones y su consejo durante el desarrollo del libro. Sin ustedes no puede haber logrado esto.

Al equipo creativo que me ayudo a lanzarme y anunciar el libro. Isaí, eres un *crack* y tus consejos creativos están llenos de excelencia. Jorge y Byanka Morales, su visión al realizar y enseñar a otros es de admirar y me han brindado tanto en esta etapa de mi vida. Fabian, ¡tus fotos son geniales! *Ornelas FILMs*, tenerlos como amigos es tan divertido y su trabajo está lleno de calidad.

Para mis familiares que siempre me apoyan. A todas mis tías y tíos mexicanos locos y alegres. Tía *Mery* y *Joel*, gracias por su apoyo incondicional.

A mi *CREW*. Ustedes saben quiénes son y sino déjame menciono a varios de una vez. Ashly Ramos, eres inspiradora y una amiga que motiva a uno a ser sabio. Tus chistes son malos pero tus consejos son de los mejores que he escuchado. Isaí Ramos, eres tan único hermano y el mejor amigo que existe. You're my *BFF,* te amo como si fueras mi hermano de sangre y gracias por siempre hacerme reír. Esteban Escamilla, desde la preparatoria tu compañía siempre me ha brindado seguridad y alegría. Gail Martin del Campo, eres la amiga más rara y feliz que conozco. Abi Martin del Campo, eres la *Phoebe* de nuestro *crew* y nuestras peleas son lo mejor. *Koke*, te la rifas, aprendo tanto de tu servicio y sé que lo mejor para tu vida está por venir. Esteban y Gael Ramos, gracias por ser hermanitos adoptivos tan enfadosos y llenos de amor (*#NoLaArmanEnFIFA*).

UNO YOUTH, son el mejor grupo de jóvenes que existe.

Por último, a mi familia de La Roca. No hay mejor iglesia y por iglesia no me refiero a un edificio sino a una comunidad de personas. Gracias familia de La Roca por su apoyo en todo tiempo.

Sobre el Autor

ALAN MERAZ ANGULO es un autor joven de 20 años proveniente de la ciudad de San Diego. Es estudiante de universidad.

Hijo de padres mexicanos, creció en una familia con fundamentos cristianos aunque no estableció una fuerte conexión con la iglesia local hasta sus trece años. Tiene dos hermanos, Christian y Julian.

Actualmente sirve a la comunidad y a su región con el enfoque de compartir del amor de Jesús. Cree firmemente que es llamado no a una religión, sino a una relación diaria con Dios. *Vendí Mi Corazón* es su primer libro.

www.ingramcontent.com/pod-product-compliance
Lightning Source LLC
Chambersburg PA
CBHW020851090426
42736CB00008B/336